Wolfgang J. Bittner · KIRCHE – das sind wir!

W0247217

Wolfgang J. Bittner

KIRCHE – das sind wir!

Von der Betreuungskirche zur Beteiligungskirche

3. Auflage 2006
Wolfgang J. Bittner: Kirche – das sind wir.
Von der Betreuungs- zur Beteiligungskirche
© 2003 Aussaat Verlag,
Verlagsgesellschaft des Erziehungsvereins mbH, D-Neukirchen-Vluyn
in Zusammenarbeit mit der Communität und Geschwisterschaft Koinonia
Umschlaggestaltung: H. Namislow
Gesamtherstellung: Grafo Industrias Graficas, Basauri
ISBN 3-7615-5296-3
Printed in Spain

Paraklesis
Schriften zum geistlichen Leben
in der Kirche
6

Paraklesis ist ein Schlüsselbegriff des Neuen Testamentes, besonders des Apostels Paulus. Er bedeutet sowohl Ermutigung und Trost, als auch Ansprechen, Ermahnung und Herausforderung.

Paraklesis wurde auch zum Schlüsselbegriff für die Arbeit der Evangelischen Communität und Geschwisterschaft Koinonia mit Menschen, die nach geistlicher Wegweisung suchen.

Paraklesis ist eine Schriftenreihe, die in loser Folge Themen der Seelsorge, des geistlichen Lebens und der missionarischen Kommunikation behandelt. Außerdem setzt sie sich mit Fragestellungen der Gegenwart auseinander.

Informationen und Kontakt:
Communität Koinonia
Trift 9 – 11
29320 Hermannsburg
Tel.: 05052 – 3273
e-mail: communitaet-he@t-online.de

Zu diesem Buch:

Die Kirche der Zukunft wird eine einladende und aufsuchende Kirche sein. Sie wird einen besonderen Raum in unserer Welt bilden, in dem Menschen für die Sehnsucht ihrer Seele eine Heimat finden. Nicht eine die Menschen vereinnahmende oder gar überfahrende Kirche, sondern eine an den Zeitfragen orientierte und in ihrer Spiritualität wahrnehmbare Kirche wird von vielen unserer Mitmenschen gesucht. Die uns zugesagte Freiheit aus Glauben bedeutet, dass zum Glauben nur aus Freiheit gefunden werden kann. Aber wir können heute nur Kirche sein, indem wir die missionarische Dimension des Normalen neu entdecken und zugleich nach außerordentlichen missionarischen Möglichkeiten Ausschau halten. Dazu müssen die vorhandenen Kräfte gebündelt werden. Und es muss gefragt werden, ob und wie anders gebundene Kräfte sich stärker diesen Aufgaben zuwenden können. Der missionarische Auftrag ist heute das erste Kriterium aller Strukturüberlegungen in der Kirche. Ein zweites Kriterium sehe ich darin, dass im Maß des Möglichen einfache, jedenfalls einfachere, Strukturen entstehen.

Die Überzeugung, der Weg führe von der Betreuungskirche zur Beteiligungskirche, beschreibt eine wichtige Dimension dieser Entwicklung. In der Beteiligung der Gemeindeglieder an den Grundaufgaben kirchlichen Lebens entscheidet sich das Bild der Kirche heute. Das synodale Prinzip evangelischer Kirchen hat darin seinen tiefsten Grund.

Es ist gewiss wahr: Die Zukunft der Kirche liegt in der Hand ihres Herrn. Die Reform der Kirche ist ein Werk des Heiligen Geistes. Aber es gehört zu den Aufgaben menschlichen Handelns in der Kirche, dem Heiligen Geist nicht als unnütze Knechte entgegenzuwirken. Das vorliegende Buch ermutigt dazu, geklärtere Vorstellungen von Leben und Arbeit der Kirche in die nächste Generation hineinzutragen. Denn Kirche heute bedeutet, für die Kirche von morgen Verantwortung zu übernehmen. Kirche heute bedeutet, eine Verantwortungsgemeinschaft zu bilden für die Weitergabe des Evangeliums. Wie diejenigen, die das Leben der Kirche tragen, mit auf den Weg zu nehmen und an den Veränderungsprozessen zu beteiligen sind, beschreibt Wolfgang J. Bittner sehr anschaulich. Ich wünsche dem vorliegenden Buch eine große Leserschaft und seinen vielfältigen Anregungen eine gute Resonanz.

Dr. Wolfgang Huber, Bischof der Evangelischen Kirche in Berlin-Brandenburg

Dieses Buch ruft Erinnerungen an die Geschichte der Kirchen in der DDR wach. Eine wesentliche Entdeckung war damals die Erkenntnis, dass das Evangelium immer situationsgemäß verkündigt werden muss. Das bedeutet eine neue Gottesdienstsprache, verständlich auch für Menschen, die mit den kirchlichen Traditionen nicht vertraut sind. Es bedeutet aber vor allem auch eine andere Gestalt von Gemeinde und ihrer Arbeit. Da müssen Gespräche einen größeren Raum einnehmen als Vortragsveranstaltungen. Glieder der Gemeinde, die nicht in einem kirchlichen, sondern in einem weltlichen Beruf stehen, müssen an der Gemeindeleitung beteiligt werden, weil sie die gesellschaftliche Situation der Menschen teilen und sie besser verstehen als Pfarrer und kirchliche Angestellte. Wir haben damals die These geprägt, dass die biblische Botschaft zur Übersetzung in die Sprache und die Verhältnisse der Gegenwart Fachleute auf zwei Gebieten nötig habe: Fachleute der Tradition, die mit der Schrift, ihrer Entstehung und ihrer Umwelt vertraut sind, und Fachleute der Welt von heute. Die Gemeindeglieder, die „Laien", werden zu gleichwertigen Mitübersetzern der Schrift. Predigtvorbereitung im Gespräch, Bibelarbeit in Gruppen und ähnliche Veranstaltungen stehen hoch im Kurs. Allgemeines Priestertum im Vollzug!

Eine eigentlich längst bekannte statistische Tatsache gewann damals für uns eine schmerzliche praktische Bedeutung und hat sie bis heute behalten. Viele Mitglieder der Kirche waren alles andere als „Glieder am Leibe Christi" nach 1. Korinther 12. Sie hatten einem lebendigen Glauben schon längst den Abschied gegeben. Sie traten nun unter dem zunehmenden politischen Druck aus der Kirche aus. Etwas vergröbernd kann man sagen: die Kirche nahm an Größe ab und an innerer Substanz zu. Der eigentliche biblische Auftrag, die Botschaft zur Rettung der Menschen in diese Welt hinein zu sagen, gewann Vorrang vor der Aufgabe, den Bestand der Kirche zu erhalten. In dieser angefochtenen Situation erfuhren wir immer wieder Hilfe aus der Ökumene. Nicht so sehr aus unseren Schwesterkirchen in der Bundesrepublik! Dort hing man – und hängt wohl bis in die Gegenwart – noch zu sehr an Traditionen und beruhigt sich mit der immer noch großen Zahl von Kirchengliedern. Bemühungen wie die, durch „Kircheneintrittsstellen" die Mitgliederzahl in die Höhe zu treiben, indem man die „Schwelle" zum Eintritt möglichst niedrig legt, unterstreichen das. Für uns in der DDR sind es vor allem Christen zweier Länder gewesen, die erkenntnismäßig offenbar weiter waren als wir und uns geholfen haben, den Blick für die Situation zu schärfen. Ich nenne stellvertretend Christian Hoekendijk und Hendrik Kraemer aus den Niederlanden und Hans-Ruedi Weber und Walter Hollenweger aus der Schweiz.

Seit einigen Jahren habe ich den Namen von Wolfgang J. Bittner hinzugefügt, den ich auf überraschende Weise kennenlernte. Die Kirchenleitung des Kantons Basel-Stadt hatte zusammen mit der Theologischen Fakultät Basel zu einer Konsultation zur Änderung der Kirchenverfassung eingeladen. Dahinter stand die Erkenntnis, dass die Basler Kirchenverfassung der säkularisierten Situation der Gemeinden nicht mehr gerecht würde, weil sie auf der Fiktion einer „Volkskirche" beruhte. Statt weit über 90% der Basler Bürger bekannten sich nur noch etwa 35% zum reformierten Glauben. Volkskirche wurde zur Minderheitskirche. Als einen Fachmann für diese Fragen hatte man Wolfgang J. Bittner hinzugeladen – und auf dessen Anregung dann auch mich. Er hatte darauf aufmerksam gemacht, dass die Erfahrungen der Kirchen aus der ehemaligen DDR in diesen Dingen besonders hilfreich sein könnten. Ich nahm danach sein Buch „Kirche – wo bist Du?" (Theologischer Verlag Zürich1993) in meinen persönlichen Katalog wesentlicher Bücher für den Weg unserer Kirche auf. Jetzt erlebe ich ihn mit großer Dankbarkeit an der Arbeit in Eisenhüttenstadt und sehe, wie diese Arbeit in sein vorliegendes, weiterführendes Buch Eingang gefunden hat! Es wird uns, nicht nur uns Kirchen im östlichen Deutschland, sondern auch darüber hinaus, helfen, „in Gottes Sendung zu leben" und „in Christi Sendung zu stehen".

Dietrich Mendt, Superintendent i. R., Dresden

Ich lese Wolfgang J. Bittners Buch mit der Brille eines Pfarrers, der sich redlich um Kirchenleitung bemüht, weil er dazu gewählt ist.

Das Unternehmen „Kirche" bringt eigenartig viele Bücher über sich selbst hervor. Ich arbeite nicht in der Forschung, aber nur schon die Publikationen, die ich erhalte oder mir gelegentlich besorge, belegen gut und gerne einen Meter Regal: „Kirche über sich selber". Gibt es in wirtschaftlichen oder sozialen Unternehmen ähnlich intensive Selbstreflexionsaktivität? Produzieren Chemiekonzerne Schriften darüber, wie sie sein sollten? Hat das Rote Kreuz eine Abteilung „Rotkreuzologie"? Wer weiß. Aber wenn, so wette ich: diese produziert keinen Bruchteil von Druckseiten, die sich die Ekklesiologie (Theorie vom Wesen der Kirche) leistet! Nur: Kirche hat sich Vergleiche mit andern Unternehmungen immer verbeten.

Kirche ist anders.

Anders, als sie sein sollte und könnte, vor allem! Das realisiert schmerzlich, wer Wolfgang J. Bittners aktuelle, biblisch inspirierte, sorgfältige und originelle Arbeit liest. Der garstige Graben zwischen Soll und Haben könnte entmutigen. Man vergebe mir die Assoziation: Der vergangene Sozialismus trat unter zweierlei Gestalt in Erscheinung: Es gab den propagierten, beschriebenen, gesendeten Sozialismus, und dann noch den real existierenden. Irre ich mich, oder habe ich auch schon von der „real existierenden" Kirche gelesen? So gäbe es also einerseits kunstvolle, sinnschwere, biblisch untermauerte Theorien von Kirche, und andererseits deren jeweils von Kanton zu Kanton, von Land zu Land verschiedene erbärmliche Realität?

Gewiss, wie könnte es anders sein? Die Ziele der Kirche liegen im Jenseits der Zukunft, ähnlich wie jene des Sozialismus, die er, wie es scheint, der Kirche abgekupfert hat. Gottes Volk ist unterwegs ins gelobte Land, befindet sich also auf dem selten gelobten, eher verwünschten Wüstenweg zu einer besseren Welt. Da muss um den besten, den einfachsten, den direktesten, den auftragsgemäßen Weg gestritten werden. Da wollen welche unbedingt zur Vorhut, die von anderen – wenn nicht ins Pfefferland – so doch an den Schluss des Zuges gewünscht werden.

Die reformierte Berner Kirche schämt sich nicht, in ihren Verlautbarungen Kirche immer wieder als „offene Such- und Weggemeinschaft" zu charakterisieren. Wird Kirche als Weggemeinschaft erkannt, dann braucht sie Kundschafter, Pfadfinder, Vortrupps, die Wegmarken setzen, Hindernisse kennzeichnen und Irrwege anzeigen. Bücher mit dem Thema „Kirche über sich selbst" sind darum kein Luxus. Bittner betont hartnäckig, sachkundig und spannend, dass Kirche erst gut unterwegs ist, wenn alle ihre Glieder ihre Gaben erkennen und zum Ganzen beitragen; dass das Delegieren der Glaubensdinge an Fachleute eine Sackgasse ist. Das Buch ist eine wichtige Wegmarke. Alpenbewohner wissen: Wegmarken können in dichtem Nebel Leben bewahren und retten.

Ruedi Heinzer, Synodalrat der Reformierten Kirchen Bern-Jura-Solothurn
Rat des Schweizerischen Evangelischen Kirchenbunds

Inhalt

Von der Betreuungskirche zur Beteiligungskirche

Nach einem Vortrag bei einer Konferenz über Gemeindebau stehen wir noch zum Gespräch zusammen. Da drückt mir ein Pfarrkollege mit einem vielsagenden Lächeln einen Zettel in die Hand. Ich lese: „Wer will, dass die Kirche bleibt, wie sie ist, will nicht, dass sie bleibt."[1] Dieser Satz begleitet mich seither. Man halte sich vor Augen: Die heutige Gestalt unserer Kirchen ist gewachsen in einer Zeit und unter gesellschaftlichen Bedingungen, die es so längst nicht mehr gibt. Zugespitzt: Alles in der Gesellschaft hat sich geändert, das Selbstverständnis der Menschen ebenso wie das Verständnis der großen Institutionen, die Lebensformen im Privatbereich ebenso wie die Arbeitsformen in Schule, Wirtschaft und Verwaltung. Nur die Kirchen sollen so bleiben, wie sie immer waren. Gerade damit aber haben sie sich in ihrem Gegenüber zur Gesellschaft grundlegend verändert.

Der Wandel in Kirche und Gesellschaft

Die Situation einer Kirche eines der neuen Bundesländer Deutschlands: In den 50er-Jahren hatte die Kirche etwa 700.000 Mitglieder. Heute besteht dieselbe Kirche noch aus 117.000 Mitgliedern. Der Rückgang, der zunächst so erschreckend klingt, lässt sich aus mancherlei Gründen erklären: der Druck auf die Christen in der ehemaligen DDR, die große Abwanderung vor allem von jungen Menschen seit der Wende. Viele Gemeindeglieder sind gestorben, ohne dass die Jungen nachkamen. Die Kirche besteht mehrheitlich aus älteren Men-

---

1 Erich Fried. Die Sequenz lautet dort: „Wer will, dass die Welt bleibt, wie sie ist, will nicht, dass sie bleibt."

schen. Wie geht es weiter? Eines ist jedenfalls klar: Die Kirche muss dringend neue und vor allem junge Mitglieder gewinnen, damit sie überleben kann.

Dahinter steht jedoch ein Grundproblem, das diese Kirche mit allen anderen Landeskirchen teilt. Sie hat ihre Strukturen in einer Zeit entwickelt, in der sie noch Mehrheitskirche war. Sie war getragen von der Mehrheit der Bevölkerung, also bejaht und bestätigt auch von jenen Menschen, die an dieser Kirche gar nicht mehr aktiv teilgenommen hatten. Diese Strukturen sind alle merkwürdig stabil geblieben. Nun sollen sie mit wesentlich weniger Menschen, mit wesentlich weniger Geld als vorher irgendwie weitergeführt werden. Die Kirchenkreise wurden zusammengelegt, früher selbständige Gemeinden wurden zusammengefügt. Von fünf, sechs, oft sogar von sieben oder mehr Gemeinden ist nur noch eine einzige übrig geblieben. Von den Predigtstätten jedoch, die es vor Jahrzehnten gab, sind kaum welche gestrichen worden. Das heißt: In den Strukturen einer Mehrheitskirche soll nun Minderheitenkirche verwirklicht werden, so dass es niemand allzu sehr merkt. Im Gegenteil. Man steht in der Versuchung, noch mehr als vorher zu tun, um dadurch zu zeigen, wie aktuell und lebendig man immer noch sei. Kann das gut gehen?

Es lohnt sich, genau hinzusehen. Strukturen einer Mehrheitskirche taugen nun einmal nicht dafür, eine Minderheitskirche zu bauen, die umgeben ist von Menschen, die mit Kirche noch überhaupt nie in Berührung gekommen sind. Was aber in unseren Landeskirchen vor sich geht und landauf, landab geschieht, ist merkwürdig genug. Wir beobachten den Rückgang und den Wandel der Kirche in eine zunehmende Minderheitensituation und halten dennoch an Mehrheitsstrukturen fest. Benennen wir es konkret: Wir predigen an allen bisherigen Predigtstätten (in einer Landeskirche des ehemaligen Ostens Deutschlands gelten nach Auskunft der Kirchenleitung bis zu 16 Predigtstätten[2] für ein Pfarramt als zumutbar!). Wir betreuen weiterhin möglichst alle

2   d.h. in der Regel mindestens ein Gottesdienst pro Monat

Gruppen. Jede Gemeinde hat möglichst noch ihren eigenen Konfirmandenunterricht, auch wenn da die Zahlen der Konfirmanden drastisch gesunken sind.[3] Man könnte weiter aufzählen. Finanzen und Kräfte, die uns zur Verfügung stehen, reichen höchstens noch dafür aus, die Reste bestehender Gemeindearbeit halbwegs weiter zu betreuen. Dabei verschlingen die überholten Strukturen unsere Kräfte. Das, was wir eigentlich tun sollten, nämlich den missionarischen Auftrag zu sehen und kreativ in neuen Formen zu erfüllen, können wir gar nicht richtig anpacken.

Die Entlarvung von Illusionen

Im März 2003 sucht eine Gemeinde eine(n) neue(n) Pfarrer(in). In der Ausschreibung heißt es: „Kinder-, Konfirmanden-, Familien- und Seniorenarbeit sowie die Gestaltung lebendiger Gottesdienste stellen Arbeitsschwerpunkte dar." Da werden also alle wesentlichen Aspekte normaler Gemeindearbeit gleich zu „Schwerpunkten" erklärt. Was will denn diese Gemeinde? Das ist nämlich längst nicht alles. Die Ausschreibung strotzt von weiteren Erwartungen: Die von vielen Gemeindegliedern getragene Gemeindearbeit soll weitergeführt werden, dazu aber erwartet man Aufgeschlossenheit für neue Formen gemeindlichen Lebens. Was sonst noch, so fragt man da schon bange. Die Liste geht jedoch fröhlich weiter: „Die Gemeinden erwarten eine Seelsorgerin oder einen Seelsorger, die oder der gerne auch auf Menschen am Rande oder außerhalb der Kirchengemeinde zugeht ..." Wann, so fragt man sich, soll das denn noch geschehen, zumal zur Stelle vier Gruppen Religionsunterricht (Christenlehre), zwei Wochenstunden Religionsunterricht und der zweijährige Konfirmandenunterricht

---

3 Die Wende im Osten Deutschlands führte zu einem Geburtenknick, der sich jetzt auf die Zahlen der Konfirmandengruppen auswirkt: Waren Zahlen von durchschnittlich 15 bis 20 Konfirmanden bis jetzt normal, so sind es jetzt noch zwei bis fünf pro Jahrgang. Bisher rekrutierte sich die Jugendarbeit aus den Konfirmandengruppen. Was bedeutet der drastische Rückgang für die Jugendarbeit?

gehören, insgesamt also acht bis zehn Stunden Unterricht pro Woche. Keine Sorge, die Liste ist noch lange nicht zu Ende. Bewerberin bzw. Bewerber soll auch noch das gute Verhältnis zu den Kommunen pflegen (was das im Klartext wohl heißt?). Und: „Erwünscht ist die Weiterführung der gut besuchten Konzertreihe und möglicherweise die Leitung des Kirchenchores." So nebenbei also auch noch Konzertmanager und Dirigentin? Die Liste geht immer noch weiter: „Wichtig ist die Fortführung der bewährten Zusammenarbeit in der Region und mit den anderen Nachbargemeinden." Als Sahnetupfer auf die unglaubliche Überforderung einer solchen Ausschreibung heißt es am Ende noch: „Eine Verbindung der Pfarrstelle mit einer kreiskirchlichen Beauftragung ist vorgesehen." Das heißt: Neben der Gemeindearbeit wird die kommenden Pfarrerin bzw. der kommende Pfarrer noch eine regionale Aufgabe erhalten, z.B. die Verantwortung für die Spitalseelsorge oder für die Jugendarbeit des ganzen Kirchenkreises.[4]

Neue Formen …

Neue Formen von Gemeindearbeit wären gerade um der Zukunft der Kirche willen, die ja an neue Menschen herankommen muss, so dringend notwendig: Gottesdienste in neuen Formen und neuen Räumen, missionarische Arbeit unter Kindern und Jugendlichen, Betreuung von Aussiedlern, dringend nötige Elementar-Kurse in christlichem Glauben, im Umgang

---

4   Das Beispiel findet sich im offiziellen und auch via Internet zugänglichen Amtsblatt einer deutschen Landeskirche. Irritierend sind nicht bloß die Erwartungen der Gemeinde. Die Stelle wird von der landeskirchlichen Verwaltung besetzt. Was bedeutet es, dass eine kirchliche Zentralverwaltung solchen völlig überzogenen Erwartungen, an denen alle Beteiligten nur scheitern können, nicht entschlossen entgegentritt? Die Lektüre anderer Ausschreibungen zeigt, dass hier laufend solch überzogene Erwartungen gleichsam als Normalfall dargestellt und eingefordert werden. Wo bleiben da die Superintendenten bzw. Generalsuperintendenten, die solche illusionären Erwartungen auf die Ebene nüchterner Realität reduzieren?

mit der Bibel, Einführung in christliche Lebenspraxis.[5] Man gehe nur einmal durch die Wohnquartiere unserer Städte. Tausende von Menschen leben in ihnen, die mit Kirche noch nie in Berührung gekommen sind. Doch wir kommen im Alltag der Kirche nicht dazu, weil wir im Bewahren und Betreuen des Bestehenden unsere Kräfte beinahe völlig verbrauchen.[6]

Ein Vergleich

Die Ausgangssituation unserer Kirchen kommt uns vor wie die Speisung der Fünftausend. Die Jünger Jesu hatten den Auftrag bekommen, alle satt zu machen. Dafür haben sie die Leute in Gruppen von je fünfzig sich hinsetzen lassen. Doch dann haben sie bloß immer die ersten fünfzig bedient. Kaum war nämlich der Fünfzigste satt, rief der Erste schon wieder: Ich habe Hunger! So begann man erneut am Anfang der ersten Reihe und kam im Grunde nie über sie hinaus. In der Zwischenzeit hat sich die Situation jedoch drastisch verändert. In der ersten Reihe sitzen nicht mehr fünfzig Leute, sondern nur noch etwa fünfzehn, zehn oder gar nur noch fünf Leute. Die Struktur aber blieb dieselbe. Wenn der Fünfzehnte gegessen hat, ruft der Erste: Jetzt komme ich wieder dran! Wir bedienen heute statt fünfzig nur noch fünfzehn, zehn oder fünf Leute. Aber über die erste Reihe

5   Die Einsicht, dass der Mitgliederschwund gestoppt und das Profil geschärft werden muss, ist zumindest in den Kirchenleitungen klar. Was bedeutet es jedoch, wenn eine Kirchenleitung plant, „eine aktive Gemeindearbeit, die beispielsweise zu Mitgliederzuwächsen führt, finanziell zu honorieren"? [Customer Care & Katechismus? Beitrag der Redaktion „tagesschau.de" vom 13. März 2002 – gefunden auf www.ekd.de.] Gibt es also nun für jedes neu eintretende Gemeindeglied ein Kopfgeld, das zur Aufbesserung des Pfarrergehaltes führt? Einmal mehr werden die Aufgaben der gesamten Gemeinde zu Aufgaben des Pfarramtes erklärt.
6   Es ist unverantwortlich, diese Aufgaben der Gemeindeglieder auf die angestellten Mitarbeiterinnen bzw. Mitarbeiter zu übertragen. Es gehört zur Grundthese dieses Buches, dass solche Dienste entschlossen durch die Gemeindeglieder selbst getan werden müssen. Die angestellten Mitarbeiter sollen ihnen dazu helfen. Sie können und dürfen solchen Dienst jedoch nie ersetzen.

kommen wir immer noch nicht hinaus. Es ist an der Zeit, dass wir in der Kirche die Fünftausend endlich in den Blick nehmen. Um ihrer willen sind wir Kirche. Für die Fünftausend haben wir unseren Auftrag. Es muss uns gelingen, die fünfzehn Menschen der ersten Reihe dazu zu bewegen, beim Verteilen des Brotes anzupacken. Sonst können wir zusammenpacken. Aus den Bedienten müssen Diener werden, aus den Betreuten Beteiligte.

Vor meinen Augen steht eine junge Pastorin in einem der neuen Bundesländer. Ihre Stelle wurde bis vor wenigen Jahren von einem „ganzen" Pfarrer besetzt. Sie selbst hat für dieselbe Aufgabe nur noch eine halbe Stelle. Dennoch gibt es immer noch genauso viele Gemeindeglieder, genauso viele Gottesdienste, Beerdigungen, Arbeitsbesprechungen, Konfirmandenstunden, Gemeindekreise und Dienstkreise wie zuvor. Als missionarisch gesinnte Pastorin beginnt sie mit neuen Gruppen vor allem im Bereich der Jugend- und Erwachsenenarbeit. Wie macht man das eigentlich? Dazu aber kommt: Im Umfeld der Gemeinde leben in Plattenbau-Quartieren Tausende von Menschen, die nicht zur Kirche gehören, denen aber das Evangelium dennoch gilt. Sie sind mit Kirche bisher noch kaum einmal in Berührung gekommen. Was aber macht eine solche Pastorin nun? Betreuung der bereits bisher Betreuten, obwohl dafür nur noch die Hälfte der Anstellung zur Verfügung steht?[7] Und dazu soll sie noch missionarische Initiativen entwickeln. Das kann doch von Anfang an nicht gut gehen. Es kann und darf nicht an ihr allein liegen. Missionarische Initiative muss von der Gemeinde ausgehen, muss Menschen in der Gemeinde selbst anstecken und zur missionarischen Existenz herausfordern. Gelingt das nicht, dann ist missionarische Gemeindearbeit von Anfang an zum Scheitern verurteilt.[8]

Auf dem Gebiet der Kirchgemeinde mit knapp 1000 Gemeinde-

---

7 Die zweite Aufgabe neben dem Pfarramt ist der Aufbau des freiwilligen Religionsunterrichtes an zwei Gymnasien.

8 Was bedeutet es, wenn eine Kirchenvorsteherschaft die Verwaltungs- und Bauarbeit treu betreut, den Gottesdienstbesuch jedoch systematisch verweigert? Wie definiert sich dann die geistliche Mitte einer Gemeindeleitung?

gliedern wohnen etwa 15.000 Menschen. Den Gottesdienst besuchen durchschnittlich 50 Leute. Regelmäßiger Kontakt besteht zu etwa 200 Menschen. Es bleiben also 14.800 Leute, denen Gottes Botschaft gilt. Die 200 Menschen, die mit der Gemeinde in Kontakt stehen, fühlen sich jedoch ständig unterbetreut: zu wenig Aufmerksamkeit, zu wenig Besuche, zu wenig … Die 14.800 aber melden sich längst nicht mehr. Wenn wir die Zahlenverhältnisse überschlagen, dann kommen wir auf ziemlich genau jene Angaben, die wir oben vorgeschlagen haben. Umgerechnet auf 5000 Menschen, die uns aufgetragen sind, haben unsere kirchlichen Strukturen längst nur noch 50 Leute erfasst. Heute haben wir unsere Strukturen noch „schlanker" gemacht, so dass wir nur noch 15 Leute speisen. Schön für die 15. Was uns beunruhigen sollte, das sind die übrigen 4985 Menschen, die satt werden müssten und nach Jesu Verheißung auch satt werden könnten.

Wer und was absorbiert uns derart, dass wir bei den ersten 15 ständig hängen bleiben? Anders: Warum gelingt es uns nicht, diese ersten 15 aus der Hunger-Rolle hervorzuholen und sie als Mit-Verteiler des Brotes zu gewinnen, das ja nach Gottes Verheißung für 5000 reichen würde?

Betreuung und Beteiligung

In diesem Zusammenhang taucht die Formulierung „Betreuungskirche und Beteiligungskirche"[9] auf. Dahinter steckt eine einfache Beobachtung: Unsere Kirche hat es sich lange genug geleistet, die Aufgaben der Gemeindeglieder an die Hauptamtlichen zu delegieren. Sie meinte, damit aus geistlichen Gründen etwas Gutes zu tun. Man hatte das Geld, um eine aktive Kirche zu finanzieren. Den Dienst aus Liebe und aus Glauben, den das

---

9   Die Entgegensetzung von Betreuungskirche und Beteiligungskirche tauchte in der Zürcher Disputation 84 auf. Vgl. Zürcher Disputation 84. Ergebnisse. Beiträge zur Standortbestimmung und Erneuerung unserer Kirche, Zürich 1987. Vgl. dazu auch meinen Aufsatz Betreuungskirche oder Beteiligungskirche, Theologische Beiträge 26/1995. Der damalige Text ist in den hier vorliegenden Band eingearbeitet. Zum ganzen Themenkreis vgl. auch Wolfgang J. Bittner, Kirche – wo bist Du? Plädoyer für das Kirche-Sein unserer Kirche, Zürich, 2. Auflage 1995.

einzelne Gemeindeglied zu tun hat, konnte man mit finanziellen Mitteln professionalisieren und damit an die angestellten Mitarbeiterinnen und Mitarbeiter delegieren. Es ist längst an der Zeit, diese Delegationen radikal zurückzunehmen und den Gemeinden zuzumuten: Was in einer Gemeinde nicht durch die Gemeindeglieder selbst geschieht, das geschieht in Wirklichkeit nicht. Aufgaben, die zur Lebensäußerung jedes Gemeindegliedes gehören, werden nur zum großen Schaden der Kirche an Hauptamtliche delegiert. Man nehme es als Spitzensatz: Es geschieht nur das, was eine Gemeinde in ihren Gliedern aus Glauben und Liebe selbst in die Hand nimmt.[10] Für die Ausbildung von hauptamtlichen und nebenamtlichen Mitarbeiterinnen und Mitarbeitern bedeutet das: Sie müssen die Kunst der Verweigerung, in solche Strukturen der Delegation wieder einzusteigen, lernen. Sie müssen lernen, sich die Grundaufgaben der Gemeindeglieder nicht länger aufbürden zu lassen. Es wäre ihre Aufgabe, der Gemeinde zu sagen: Wenn ihr etwas tun wollt, dann helfen wir euch bei eurem Dienst. Wir wollen euch begleiten und euch schulen, wir wollen euch stützen und beraten, damit ihr und damit die ganze Gemeinde diesen Dienst tun kann.[11] Aber: Eure Aufgaben können und dürfen wir nicht mehr weiter übernehmen.

Es gibt nicht nur aus Überlebensgründen der Kirche, sondern letztlich aus biblisch-theologischen Gründen keinen anderen Weg. Der vielfältige Dienst, der den Hauptamtlichen übertragen wurde, muss der Gemeinde so schnell und so entschlossen wie möglich zurückgegeben werden. Unter dieser Rücknahme der Delegation wird sich dann auch das Bild der Aufgaben der angestellten Mitarbeiterinnen und Mitarbeiter wandeln.

Allerdings: Ein solcher Strukturwandel kann nur dann geschehen, wenn es zu einer umfassenden und vor allem gemeinsamen Besinnung kommt, die gleichermaßen die Gemeinden, die

10 vgl. dazu unten Kapitel 4 und passim
11 Umgekehrt gilt natürlich dasselbe: Auch die Gemeindeglieder müssen lernen, sich ihre Aufgaben von hauptamtlichen Mitarbeiterinnen und Mitarbeitern nicht wegnehmen zu lassen.

ehrenamtlichen Mitarbeiter, die hauptamtlichen Mitarbeiter und vor allem die Kirchenleitungen erfasst. Keiner von uns kann allein an seinem Ort einen solchen Wandel herbeiführen. Die alten Bilder sind durch die jahrhundertlange Tradition und durch hervorragende Pfarrergestalten der vergangenen Zeit tief in uns allen verwurzelt. Alte Bilder jedoch können nur durch starke neue Bilder ersetzt werden. Das aber braucht Geduld und viel Zeit. Es braucht vor allem viele Gespräche. Es braucht Beispiele der neuen Praxis, an denen uns die Wahrheit der neuen Bilder einer Beteiligungskirche ansichtig wird, Beispiele, die Hoffnung auf eine neue Gestalt von Kirche in uns wecken.

Um die Dringlichkeit dieser Aufgabe zu verstehen, setzt das Buch mit Beobachtungen zum gesellschaftlichen Wandel (Kapitel 1) ein. Die Kirchen sind davon längst betroffen. Sie werden von der Bevölkerung nicht mehr als unbestrittene Institution für Religiosität wahrgenommen, sondern als ein Marktanbieter unter vielen. Dieser Wandel ist grundlegender, als wir uns das gewöhnlich denken (Kapitel 2). Angesichts dieser Entwicklung aber ist zu fragen, was denn Kirche eigentlich ist, was sie zur Kirche macht (Kapitel 3).

Im praktischen Teil des Buches gehen wir zunächst dem schon erwähnten Haupthindernis der Gemeindewerdung nach: der Delegationsspirale (Kapitel 4). Für einen Aufbruch aber brauchen wir zunächst zu möglichen Arbeitskonzepten vor allem neue Leitbilder. Großfamilie und nicht Betrieb, so lautet das Leitbild für die innere Dynamik einer Gemeinde (Kapitel 5). Dem schließt sich ein Abschnitt über die Rolle der Mitarbeitenden in der Gemeinde an (Kapitel 6). Die drei klar unterschiedenen Bereiche des Tempels eignen sich als Leitbild für die verschieden strukturierten Aufgabenfelder einer Gemeinde (Kapitel 7). Darauf folgen zwei Abschnitte, die nochmals die Herausforderung der Gegenwart aufnehmen. Wo äußere Maßstäbe für die eigene Lebensgestaltung zunehmend fehlen, wird jeder sein eigener Lebens-Designer. Gilt das auch für die Kirchen (Kapitel 8)? Wie radikal hier gerade der einzelne Christ herausgefordert ist, macht der Schlussabschnitt (Kapitel 9) deutlich.

1. Der Wandel der gesellschaftlichen Realität

a) Der grundlegende Umbruch der Postmoderne

Die Kulturbeobachter sind sich darin einig, dass wir in einem grundlegenden gesellschaftlichen Umbruch stehen. Er hat wesentliche Parallelen mit den ersten Jahrhunderten unserer Zeitrechnung. So wie damals eine großartige Kultur (die griechisch-römische Antike) an ihr Ende kam, so haben wir heute in der westlichen Welt das Ende einer vom Christentum geprägten Kulturphase längst erreicht, ja wohl schon überschritten. Einen präzisen Namen für diese neue Kulturphase gibt es noch nicht. Der Begriff Postmoderne ist, wenn man ihn nicht zu scharf fasst, ein Hilfsbegriff, der einige Beobachtungen bündeln kann.[12]

Wer irgendwie Zeit und Kraft hat, wird gut daran tun, die Geschichte der Christen in den ersten Jahrhunderten zu bedenken. Auch sie lebten in einer Kultur, deren tragende und sinngebende Werte an ihr Ende gekommen waren. Mit Unterhaltung – „Brot und Spielen" und nicht zuletzt Kriegen – wurde der Eindruck der zunehmenden Sinnlosigkeit niedergehalten. In dieser Atmosphäre breitete sich das Christentum aus.

Was war eigentlich ausschlaggebend, dass eine Kirche ohne Machtmittel und letztlich auch ohne einflussreiche Personen derart an Bedeutung gewinnen, ja sich in wenigen Jahrzehnten über das ganze römische Reich hin ausbreiten konnte? Das Evangelium selbst war gewiss keine Botschaft, die menschlich den Erwartungen oder Sehnsüchten der Menschen entsprach. Zunächst konnte man über die Ungeheuerlichkeit dieser Botschaft nur den Kopf schütteln: ein Gekreuzigter als Gott? Und

---

12 vgl. dazu den Abschnitt Zeitgeist und Menschenbild in Wolfgang J. Bittner, Kirche im Kultur-Umbruch (Arbeitstitel; erscheint voraussichtlich im Frühjahr 2004).

dann die Auferstehung! Man war doch froh zu denken, dass man im Tod endlich den lästigen Leib los wurde, um nur noch freier Geist, freie Seele zu sein.[13]

Tun wir doch nicht so, als ob die Menschen gesagt hätten, das Evangelium sei selbstverständlich das Ziel all ihrer natürlichen religiösen Sehnsüchte. Das war doch nie so. Und das ist es doch auch bis heute nicht. Das Evangelium widerspricht zunächst vielem, was sich der Mensch von sich aus vorstellt. Gerade darum ist die Frage auch so spannend: Was führte dazu, dass die Kirche in diesen ersten Jahrhunderten derart gewachsen ist, sowohl in die Tiefe wie in die Weite? Das sind Geheimnisse, die wir uns genau ansehen müssen. Es gibt dafür gute kirchenhistorische Studien, an denen wir lernen können.[14]

Die Antwort ist im Grunde recht einfach. Die Kraft der Kirche lag und liegt in Gottes Gegenwart, die sich in einem verwandelten Leben der Christen zeigte. Das bemerkten die Menschen. Wer sich unterhalten lassen wollte, der hatte genügend Gelegenheit dazu. Wer jedoch die zunehmende Sinnlosigkeit durchschaute oder wenigstens ahnte, der suchte nach Menschen, deren Leben von Sinnhaftigkeit geprägt war. Und der fand über kurz oder lang zu den Christen. Was aber fand er bei ihnen? Er fand nichts Spektakuläres, das heute in der Tagesschau eine Schlagzeile wert wäre. In ihren Gottesdiensten, in ihrer Verkündigung und Unterweisung aber fand er den Gott, der der Herr des Himmels und der Erde ist, der die Geschichte der Welt in seinen Händen trägt und ihn unmissverständlich in seine Nachfolge rief. Ein verwandelnder Gott und die von ihm verwandelten Menschen: Das war und ist das Geheimnis, das

13 Das ist die Ausgangsfrage, auf die Paulus in 1. Korinther 15 eingeht. Die Rede von einer Auferstehung des Leibes und nicht von der Unsterblichkeit der Seele war derart gegen den Zeitgeist, dass die Korinther sie wohl auch aus missionarischen Gründen lieber auslassen wollten.

14 Vgl. dazu die glänzende Studie von Gustave Bardy, Menschen werden Christen. Das Drama der Bekehrung in den ersten Jahrhunderten, Freiburg-Basel-Wien 1988. Neuerdings auch Eckhard Schnabel, Urchristliche Mission, Wuppertal 2002

Menschen bis heute anzieht. Nur das vermag die Frage nach Sinn zu lösen.

Wer diesem Gott sein Leben anvertraute und Mitglied der Kirche wurde, der allerdings wurde sogleich zum Aussteiger. Die damalige Gesellschaft erlaubte es gar nicht, dass man zwischen Kirche und Gesellschaft hin und her schwankte. Der Alltag der Menschen war derart durch religiöse Praktiken begleitet und strukturiert, wie wir uns das heute wohl kaum noch vorstellen können. Man konnte nicht Bewohner einer Stadt sein, man konnte keine Geschäfte treiben, ohne an den vielfältigen heidnischen Gottesdiensten mit ihren Festen und Weihen teilzunehmen. Das gehörte zum normalen Alltag hinzu. Obwohl diese Riten weitgehend als inhaltsleer, als bloße Form angesehen wurden, durfte man sie doch nicht unterlassen. Wehe, wer sich gegen sie stellte. Der schien ja gottlos zu sein. Er tastete die Grundlagen der öffentlichen Ordnung an. Gottlosigkeit lautete auch die Anklage gegen jeden, der nicht mitmachte.

Und die Christen? An vielen Orten fielen sie tatsächlich aus dem gesellschaftlichen Umfeld, meist auch aus den eigenen Familien hinaus. Die sporadischen Christenverfolgungen waren nur die Spitze des Eisberges: Christen waren in dieser Welt merkwürdig fremd.

Wie konnte man da noch leben? Nur darum, weil die christlichen Gemeinden über den Gottesdienst hinaus regelrechte Familien waren. Diese Bezeichnung ist nicht zu hoch gegriffen. Die Gemeinde war ‚oikos', war Haus, und das meinte in der Antike so etwas wie eine Großfamilie, nämlich die Einheit von Glaubens-, Lebens- und Arbeitsgemeinschaft. Nur so kam man in den Anforderungen des täglichen Lebens überhaupt durch. Wer also als neu gewordener Christ aus dem bisherigen „Haus", also dem bisherigen Familienverband hinausfiel, der hatte in der christlichen Gemeinde sein neues „Haus" gefunden, das ihn nach Kräften trug.

Natürlich ist unsere Situation heute äußerlich sehr anders. Aber auch sie ist vom Empfinden vieler Menschen geprägt, all die alten Formen von Religion, Ordnung, Gebräuchen usw. seien sinnlos geworden. Was früher noch alle zusammenhielt und trug, das erscheint nun inhaltsleer. Man wirft alles über Bord, was nicht mehr zu brauchen ist.

Dabei ist unsere Zeit den ersten Jahrhunderten sehr ähnlich. Die Suche nach Sinn in aller empfundenen Sinnlosigkeit treibt Menschen entweder in die Unterhaltung oder sonst zur Sinn-Suche an alle möglichen Orte. Vor allem aber fühlt sich jeder auf seiner Suche allein. Das ist das vielleicht Neue an der Postmoderne, das es so in der Geschichte noch nie gegeben hat. Jeder Einzelne erfährt sich zuständig für seinen eigenen Lebensentwurf. Eine Wahrheit, die allem und damit allen zugrunde liegt, scheint es nicht mehr zu geben. Was sind die Folgen davon?

b) Individualismus als Freiheit und Zwang

Unter vielen Stichworten, die sich für die Beschreibung des gesellschaftlichen Wandels nahe legen, ist auszuwählen. Als Beispiel: Individualismus als Freiheit und als Zwang. Ein Vergleich kann das deutlich machen. Wer sich vor vierzig Jahren eine Schreibmaschine leisten konnte, bekam beim Händler ein Schriftmusterblatt. Er konnte sich aus etwa vier, je nach Produkt sogar fünf oder mehr verschiedenen Schrift-Typen und vielleicht je zwei Größen die Schrift aussuchen, die er von nun an sein Leben lang (bzw. das Leben der Schreibmaschine lang; die hielt aber auch ein Leben lang) als sein Outfit besaß.

Wir lächeln und denken: Ach, wie einfach war das doch! Es war schon schwierig, aus fünf oder sechs Schriften auszuwählen und sich auf eine festzulegen. Wollte man etwas Klassisches oder eher etwas Modernes? Worauf man sich jedoch einmal festlegte, das hatte man nun. Heute hat jeder seinen Computer und damit seine dreißig bis vierzig Schriften in der Grundausstattung. Vielleicht haben Sie sogar 200 Schriften auf Ihrem Computer. Die Möglichkeiten sind unglaublich groß. Wir stehen vor einer ganz großen Freiheit. Damit stehen wir aber auch unter dem Zwang der Wahl. Welche Schrift passt zum Inhalt, welche Schriftgröße, welche Auszeichnung?

Der Übergang von der Schreibmaschine zum Computer ist ein Symbol für unsere verwandelte Zeit. Wir haben die Möglichkeit, in einer bis jetzt ungeahnten Fülle auswählen zu können. Mit dieser Fülle an Möglichkeit stehen wir jedoch gleichzeitig unter dem Zwang, auswählen zu müssen. Die Wahl nimmt uns niemand ab.

Was bei diesem einfachen Beispiel deutlich wird, gilt längst für fast alle Lebensbereiche. Einerseits haben wir keine Wahl mehr, wie es viele Menschen bei der Berufsausbildung erleben. Gleichzeitig aber stehen wir vor einer unüberschaubaren und letztlich auch psychisch nur schwer zu bewältigenden Fülle von Möglichkeiten, in denen wir uns orientieren müssen. Aber was heißt da schon orientieren? Orientieren hieße ja, dass es einen festen Punkt gibt, an dem man sich ausrichten kann. Wo aber soll ein Mensch in unserer Gesellschaft, die sich selbst bewusst nicht mehr festlegt, solch einen Vermessungspunkt hernehmen? Postmoderne heißt ja: Es gibt keinen gemeinsamen festen Punkt mehr. Das ist das letztlich Erschreckende, das für Menschen zur Freiheit, aber auch zur Belastung wird. Jeder, der die Landkarte seines Lebens zeichnet, muss zunächst für sich selbst den ihm eigenen Fixpunkt suchen. An ihm jedoch kann er sich, aber eben bloß sich selbst, ausrichten. Und das betrifft ebenso die religiöse Orientierung. Wer anderes behauptet, der muss wohl ein Fanatiker oder gar ein Fundamentalist sein, lautet das allgemeine Urteil.

Letztlich gibt es im postmodernen Lebensgefühl keine gemeinsame Orientierung mehr. Es gibt eine Fülle von Angeboten wie in einem großen Warenhaus. Im Warenhaus unserer Welt existiert auch eine Abteilung für Transzendenz-Utensilien. Irgendwo dort taucht in der Wahrnehmung der heutigen Gesellschaft die Kirche als ein Anbieter unter vielen anderen auf. Sie taucht aber nur noch für jene auf, die bewusst jene Abteilung Transzendenz aufsuchen. Die Menschen verstehen sich selbstverständlich als Kunden. Sie suchen sich aus den Angeboten, die sie da vorfinden, die Elemente ihrer sehr individuellen Religiosität zusammen. Jeder erfährt sich als der Designer[15] seines eigenen Lebens.

c) Individuum und Institution

Wir sind teilweise noch in einer Zeit aufgewachsen, in der es selbstverständlich war, dass die Institutionen und also auch die Kirchen, die Dorf- bzw. Stadtteil-Gemeinschaften, die familiären und verwandschaftlichen Beziehungen feste und verlässliche Größen waren. Als Individuum suchte man sich in diese umgreifenden Strukturen einzuordnen, um dann auch jemand zu sein. Das Individuum definierte sich von den Institutionen, den festen Beziehungen her.

Dieses Verhältnis hat sich heute in sein Gegenteil gewandelt. Es ist nicht mehr der Einzelne, der sich der Gesellschaft zuordnet. Die Menschen suchen die Beziehungen, die Gemeinschaften, die Gruppen und damit auch die Angebote der Kirche mit einer ganz anderen Fragestellung ab: Was bringen diese Gruppen, diese Institutionen, was bringt die Kirche mir? Nicht mehr die Gesellschaft ist das Grundlegende, das mir Orientierung und Zuordnung ermöglicht. Umgekehrt! Die Institutionen und Gruppen fragen sich: Was bringen wir den Menschen, damit wir noch aktuell sind? Ich befrage die Gruppe, zu der ich gehöre: Was bringt mir die Zugehörigkeit zu ihr für meinen Versuch, eine unverwechselbare Persönlichkeit zu sein? Ich befrage damit auch die Kirche und die Art des Gottesdienstes: Was bringt mir das für mein Lebensdesign? Und so sind auch die zwischenmenschlichen Beziehungen nicht mehr stabil. Sie werden vom bedürfnisorientierten Menschen danach befragt, was sie ihm eigentlich noch bringen. Je nachdem, wie die Antwort ausfällt, wechsle ich dann eben die Beziehung, ich wechsle die Gruppe, ich wechsle die

15 vgl. dazu unten Kapitel 8

Kirche, wenn ich in der Gestaltung meines Lebens in einer neuen Phase angelangt bin.

Zusammengefasst: Früher waren die Institutionen die feste Größe, auf die der einzelne Mensch sich hinordnete, um so seine eigene Festigkeit zu gewinnen. Heute ordnen sich die Institutionen zunehmend den einzelnen Menschen und ihrem Trend zu. Ihre Wichtigkeit wird daran gemessen, ob und wie sie vom Individuum her als wichtig erachtet werden. Die Institutionen leiten ihre Bedeutung davon ab, ob sie für eine möglichst große Anzahl einzelner Menschen attraktiv sind. Liegen sie im ‚Trend' oder nicht? Der Wandel könnte kaum grundsätzlicher sein.

Machen wir uns klar, was da geschieht und worauf uns Soziologen längst aufmerksam machen. Der einzelne Mensch erhält seine Orientierung nicht mehr von festen Größen, die außerhalb von ihm liegen. Er selbst soll und muss die Orientierung in sich selbst finden. Mehr: Er wird zunehmend auch noch zur Instanz, ob sich die Institutionen der Gesellschaft sinnvoll erfahren. Woher aber nimmt denn ein solcher Mensch nun seinen eigenen Orientierungspunkt, von dem aus er seinen eigenen Wert, seinen Sinn, seine Ziele bestimmt? Genau das ist ja die spannende Frage, die sich jedem von uns stellt. Kann ich nichts mehr außerhalb von mir, z.B. an den festen Werten einer Gesellschaft ablesen, dann muss ich es in mir selbst finden. Woher aber – um Himmels willen! – nehme ich das innere Maß, das mir für mich gültig erscheint und das ich darum auch an die Welt anlegen kann?

d) Größenphantasie, Resignation und Aggressivität

Bevor wir diese Frage verfolgen, stehen einige andere Beobachtungen vor uns. Ein Mensch, der keinen Orientierungspunkt mehr *außen* vorfindet, der also in sich selbst das Maß seines Lebens finden muss, wird für Größenphantasien zugänglich sein. Tatsächlich begegnen wir zunehmend mehr Menschen, die unerhört groß von sich denken. Man wundert sich bloß, wie sie dazu kommen.

Letzthin musste ich Bewerbungsunterlagen von jungen Menschen durchsehen. Von der Ausbildungsstätte war als Aufgabe vorgegeben: Bitte skizzieren Sie sich selber in Ihren Stärken und in Ihren Schwächen. Mir wurde erstmals deutlich, wie die Bewerber durch eine solche Aufgabenstellung gezwungen werden, sich in ihren Fähigkeiten stilisierend darzustellen. Sie tun es in einer Sprache und Wortwahl, von der ich früher gedacht hätte: Vielleicht bin ich am Ende meines Lebens, wenn ich einmal ganz reif geworden bin, zu solchen Selbstaussagen fähig. Ich verstehe den jungen Menschen heute besser, der derart „groß" von sich redet. Er wird in der äußeren Orientierungslosigkeit dazu gezwungen, sich von innen her zu stilisieren, damit er in der Herausforderung seiner Umwelt überhaupt noch jemand sein kann. Wenn ich nicht ganz groß bin und so von mir rede, so klang es für mich, dann bin ich niemand mehr. Welcher Raum für echte Reifung eines jungen Menschen bleibt da noch? Und eben: Wer will hier von Reifung sprechen, wenn es dafür gar kein Maß gibt?

Damit kommt der zweite Punkt, der dem ersten scheinbar widerspricht, der aber den logischen Gegenpol in einem großen Spannungsbogen darstellt. Wir beobachten bei den Menschen eine Zunahme der Ermüdung und Resignation. Weil man eben nicht immer so großartig sein kann und auch ahnt, dass die Lebenskraft nicht immer ausreicht, ständig jene Idealgestalt zu verkörpern, ja, weil es zwischen ihnen keine Möglichkeit der Aussöhnung zu geben scheint, nimmt die Lebenslähmung der Menschen zu. Die Gedanken und Selbstphantasien sind groß. Die Kraft selbst zum ersten Schritt fehlt jedoch nur zu oft. Zur Größenphantasie tritt gleichzeitig eine latente Depressivität. Im Alltag meines Büros, meiner Schule, meines Arbeitsplatzes bin ich der vitale, inspirierte Mensch. Zuhause dann fällt diese Selbststilisierung zusammen und der depressive Rest mutet sich dem Partner, der Partnerin bzw. der Familie zu und will nur noch aufgefangen sein. Wer hält das bloß aus? Und wie lange?

Ein drittes Element tritt nun fast logisch hinzu: eine zunehmende Aggressivität gegenüber all jenen Menschen und all jenen Institutionen, die normative Funktion ausüben. Das betrifft gerade auch die Kirchen, Menschen und Gruppen, die behaupten, eine oder gar *die* Wahrheit zu kennen, also ein festes Maß zu besitzen und dieses Maß auch entscheidend für andere zu finden. Solchen Gruppen und Personen begegnet man mit Skepsis. Sie machen uns aggressiv. Sie tasten ja die Individualität und das vermeintliche Recht, den Orientierungspunkt des Lebens selbst setzen zu können, grundlegend an.

Die drei Lebenshaltungen Größenphantasie, Resignation und Aggressivität, die einander zunächst zu widersprechen scheinen, gehören gemeinsam zu den Grundkennzeichen des Lebensgefühls der Postmoderne.

Wen verwundert es, wenn in einer solchen postmodernen Situation die Vorstellung vom Lebensdesign auftaucht. Vor einiger Zeit[16] fand in der Schweiz eine kirchliche Tagung statt unter dem Thema: „Ich bin mein eigener Lebensdesigner!" Die Frage der Zusammenkunft war, wie sich christliche bzw. kirchliche Arbeit in einem postmodernen Kontext verhält. Unser Thema klingt im Titel dieser Tagung deutlich an. Wenn ich selbst der Designer meines eigenen Lebens bin, dann erwarte ich von der Kirche, dass sie mir möglichst viele brauchbare Utensilien für mein privates Design liefert. Sie kann und soll mir aber auf keinen Fall mehr vorschreiben, wie ich mein Design zu entwerfen habe. Genau da verläuft für den postmodernen Menschen die entscheidende Grenze.

16 27. Februar 2002 in Luzern. Vgl. dazu den Bericht von Walter Ludin in SKZ 12/2002. Der lesenswerte Tagungsbericht ist einsehbar unter www.kath.ch/skz/skz-2002/pastoral/pa12.htm

2. Gesellschaftsanalyse anstelle von Theologie?

a) Von der Institution zum Marktanbieter

Innerhalb katholischer theologischer Fakultäten existiert eine ganze Reihe Lehrstühle bzw. Institute für Soziologie. Dazu gibt es in unseren protestantischen Kirchen kaum Parallelen. Hinter der soziologischen Fragestellung steckt die Notwendigkeit, zwischen dem Selbstbild der Kirche und der Fremdwahrnehmung von Kirche durch die Menschen, Kirchgänger wie Kirchendistanzierte, klar zu unterscheiden. Es genügt nicht, ständig das Selbstbild aus der eigenen Tradition heraus darzustellen, zu verfeinern und uns dabei gegenseitig zu bestätigen. Spannend ist vor allem jene andere Frage: Was sehen die Menschen der Straße, denen wir das Evangelium bringen wollen, wenn sie unsere Kirche wahrnehmen? Ja bereits: Was sehen unsere Kirchgänger, unsere Gemeindeglieder in unserer Kirche? An diesem Punkt tut uns die Soziologie einen unverzichtbaren Dienst. Es wird gut sein, wenn wir sehr genau hinhören.

Was die Soziologen uns sagen, ist: Ihr als Kirche habt euch bis jetzt als eine Institution entwickelt, eine Institution zur religiösen Versorgung der Gesellschaft. Institution meint in dieser Begrifflichkeit nichts Negatives.[17] Gemeint ist: Für ein Problem, das alle betrifft, entwickelt unsere Gesellschaft auch ein für alle gleich gültiges Verfahren. Kirchen arbeiten ähnlich wie das Steueramt, die Feuerwehr, die Müllabfuhr, die Polizei, das Amt für Straßenverkehr usw. Als Beispiel: Das Steueramt gibt nur eine Art von Steuerformularen heraus, unabhängig davon,

---

17 Der soziologische Sprachgebrauch, der hier vorausgesetzt wird, unterscheidet sich zum Teil beträchtlich vom umgangssprachlichen Sinn. Institution im soziologischen Sinn meint keine Organisation, die gegen einen lebendigen Organismus steht. Gemeint sind alle jene Einrichtungen und Formen, die wir für unser gemeinschaftliches Zusammenleben entwickelt und geregelt haben. Damit ist also keine Abwertung verbunden.

ob jemand Sozialhilfeempfänger oder Millionär ist. Es gibt keine verschiedenen Service-Angebote. Ähnlich ist es mit der Feuerwehr. Sie hat nur bestimmte Einsatzfahrzeuge und trägt bei ihren Einsätzen nur ein Uniform-Modell, ob da jetzt der Schuppen eines Kleingärtners brennt oder eine Villa. Niemand, bei dem es brennt, kann sagen: Ich möchte mir aber vorher bitte aussuchen dürfen, welche Uniform ihr tragt und in welchem Einsatzfahrzeug ihr anrücken müsst. Es gehört zum Grundsatz einer Institution, dass sie ihren Dienst für alle versieht und dass man, wenn man in Not ist, weiß, wer dafür zuständig ist. Aus diesem Grundsatz heraus sind die Strukturen unserer Kirchen erwachsen. Die Kirche war jene Institution, die für die Transzendenz des einzelnen Menschen wie der ganzen Gesellschaft zuständig war. Darauf baut das Selbstbild der Volkskirchen auf, das wir in unseren Kirchen bis heute vorfinden und in der Regel auch noch verteidigen.[18]

Heute aber nimmt der Mensch von außen her die Kirche als Marktanbieter wahr und nicht mehr als Institution. Wer sich in unserer Gesellschaft für religiöse Formen und Fragen überhaupt noch interessiert, der sucht sich auf dem Markt die verschiedenen Angebote zusammen. Das Internet macht die Such-Strukturen deutlich. Ich tippe mein gesuchtes Stichwort in den Textbalken einer Suchmaschine ein und warte, welche Auswahl sie mir dafür bringt. Wenn ich Glück habe, taucht auf dem Weg meiner Suche irgendwo auch noch die Kirche auf. Der religiös suchende Mensch wird die Art und Weise und den Inhalt der Angebote vergleichen mit der vielfältigen Konkurrenz, die den Kirchen längst erwachsen ist. Uns allen geht das doch ähnlich.

---

18 So kennt die Kirche für Taufe, Trauung, Konfirmation und Bestattung nur einen gleichbleibenden Wortlaut bzw. eine gleichbleibende Form. Sie ist unabhängig vom Status der Person bzw. der Familie, für die und mit der dieser Anlass gefeiert wird. Die kirchlichen „Kasualien" (gottesdienstliche Feiern anhand von lebensgeschichtlichen Anlässen) sind keine Privatveranstaltungen der beteiligten Menschen. Dabei ist klar, dass sie zunehmend von den Menschen als solche erwartet und auch erfahren werden. Wie geht die Kirche mit einem solchen Umbruch von Erwartungen um?

Wer am Sonntag einen Gottesdienst besuchen will, der findet in der Zeitung die kirchlichen Mitteilungen. Sie lesen sich als Angebot, aus dem wir uns den Ort, die Zeit und auch den Prediger bzw. die Predigerin aussuchen, die gerade in unser individuelles Timing und Feeling passen.

Ob uns das passt? Danach werden wir überhaupt nicht mehr gefragt. Wir haben zur Kenntnis zu nehmen, dass es ganz einfach so ist. Im Freizeitangebot für Jugendliche tauchen auch unsere Jugendveranstaltungen mit auf und werden verglichen mit denen vieler anderer Veranstalter. Im Angebot der Erwachsenenbildung tauchen auch unsere kirchlichen Kurse auf. Im Rahmen des vielfältigen Angebotes haben wir uns zu bewähren. Unsere Angebote für Stille und Meditation stehen unter dem Konkurrenzdruck einer Unzahl religiöser, therapeutischer und esoterischer Seminare.

Anders ausgedrückt: Wir kämpfen längst auf dem Markt der vielfältigen Anbieter um unseren Marktanteil. Und der steht uns nicht mehr so einfach zu wie früher. Darin liegt der grundlegende Unterschied zwischen einer Institution und einem Marktanbieter. Auf eine Institution sind alle Menschen gleichermaßen verwiesen. Der Marktanbieter aber muss um seinen Marktanteil kämpfen, indem er seine Angebote marktgerecht dem Publikum darbietet.

Was aber heißt das? Ist Kirche nun zum Marktanbieter geworden? Dann müsste sie sich auch entschlossen so verhalten und ihre Angebote marktgerecht aufbereiten, um möglichst viele Menschen als „Kunden" zu gewinnen bzw. bei der Stange zu halten.[19] Die Tendenz vieler kirchlicher Bemühungen geht tatsächlich in diese Richtung.

---

19 Die Beratungsfirma McKinsey untersuchte 1995/96 in einer aufwändigen Gratis-Aktion die evangelischen Kirchen in München unter diesem Gesichtspunkt. Die Ergebnisse lauteten: Die Kirche hat ein konkurrenzloses Angebot. Für dieses Angebot besteht ein sehr großes Bedürfnis. Die Art und Weise, wie das Angebot vermittelt wird, ist markttechnisch gesehen außerordentlich defizitär und kann bzw. muss dringend verbessert werden. Das Programm wird unter dem Namen „Evangelisches München-Programm" seit 1996 in der Praxis umge-

b) Soziologie und Theologie

Beobachtungen oder Handlungsanweisungen?

Trotzdem oder gerade deshalb tauchen zunehmend Bedenken gegenüber Äußerungen kirchlicher Soziologen auf. Der Übergang ist exakt zu markieren. Er findet dort statt, wo die Soziologie nicht nur Beobachtungen darüber mitteilt, wie die Menschen heute die Kirche wahrnehmen, sondern aufgrund ihrer Beobachtungen auch meint, die Kirche habe sich nun den Anforderungen des Marktes fraglos zu unterstellen. Ich zitiere aus dem Gedächtnis aus einigen Berichten verschiedener Tagungen der letzten Zeit. In einem Bericht heißt es, die gesellschaftlichen Megatrends führten dazu, dass Kirche nicht mehr als eine verbindliche und verbindende Gemeinschaft gefragt ist. Der Mensch suche heute kurzfristige Beziehungen. Als was aber ist Kirche dann sonst gefragt? Die Antwort lautet: als ein ritueller und sozialer Dienstleistungsbetrieb. Dahinter steht die Beobachtung, dass es längst andere solcher Dienstleistungsbetriebe gibt. Der Mensch sucht sich aus dem vielfältigen Angebot das ihm passende aus. Dass die Mehrheit der Menschen bei der Kirche nur noch solche kurzfristigen Leistungsangebote sucht, mag zutreffen. Die spannende Frage müsste jedoch lauten: Wie weit soll und kann Kirche sich von ihrem Selbstverständnis her vorwiegend als Marktanbieter definieren, um solchen Bedürfnissen entgegen zu kommen?

Man beachte bitte gut: Was da von soziologischer Seite mitgeteilt wird, das sind zunächst Beobachtungen. Als solche sind sie hilfreich und für uns dringend notwendig. So also werden wir als Kirche von außen her wahrgenommen. Zum Problem kommt es jedoch da, wo aus den Beobachtungen menschlicher Erwartungen geschlossen wird, die Kirche hätte eben diese Erwartungen auch marktgerecht zu erfüllen, um da-

---

setzt und nach einer Krise seit 2002 mit neuem Elan verfolgt. Infos unter www.epv.de/emp/. Die internationalen Reaktionen reichen von begeisterter Zustimmung bis zu heftigster Ablehnung.

durch ihre Aktualität zu bewahren und ihren Marktanteil zu sichern.[20]

Da liegt der entscheidende Kurzschluss. Aus soziologischen Beobachtungen werden Handlungsanweisungen formuliert. Die grundlegende theologische Reflexion, ob sich Kirche von ihrer Grundlegung her überhaupt als Marktanbieter verstehen kann, wird damit ausgeblendet. Das aber kommt dem Sündenfall selbst gleich. Biblisch-theologische Grundlegung wird durch soziologisches Urteil ersetzt. Hoffentlich fällt unser Nein dazu entschlossen genug aus.

Um nicht missverstanden zu werden: Wir haben selbstverständlich und hätten noch viel sorgfältiger als bisher auf die Beobachtungen der Soziologen zu hören, auch auf ihre Hinweise, wie Kirche von der Gesellschaft wahrgenommen wird und wie sie sich präsentieren muss, um überhaupt noch als gesellschaftlich relevante Gruppe zu gelten. Das steht außer Frage. Als Kirche müssen wir wahrnehmen, in welcher oft großen Spannung unsere Selbstwahrnehmung als Kirche zur Fremdwahrnehmung kirchendistanzierter Menschen steht. Wir sind für diese Menschen nicht das, was wir selbst von uns meinen. Nur: Diese Beobachtungen, so erregend sie auch sein mögen, ersetzen nie die theologische Reflexion. Was die Menschen – man könnte auch sagen: der religiöse Markt – von uns erwarten, das ersetzt nie die Frage nach dem, was Gott von seiner Kirche erwartet. Und das mag immer noch etwas sehr anderes sein. Die Spannung zwischen dringend notwendiger soziologischer Analyse und einer biblisch verantworteten Theologie der Kirche verwandelt sich zur klaren Frage: Woher erfahren wir als Kirche, was wir sind? Woher definieren wir, was wir auch vor einem säkularen Publikum sein wollen?

---

20 Hieraus erwachsen auch meine Bedenken gegenüber dem in der vorigen Anmerkung erwähnten soziologisch konzipierten Münchener Modell.

Erfahrungen des „Marktes"

In unseren Gemeinden finden wir das religiöse Markt-Verhalten längst vor. Wer ein Kind zur Taufe bringt, sieht in der Kirche einen rituellen Dienstleistungsbetrieb. Er möchte die fachliche Beratung, um sein religiöses Familienfest individuell auszugestalten. Dasselbe trifft auf unsere Hochzeiten, Beerdigungen, goldenen Hochzeiten usw. zu. Wir sind in der Wahrnehmung der Menschen längst ein ritueller Dienstleistungsbetrieb. Die Frage ist nur: Können wir das sein und wollen wir das tun? Diese Beobachtungen ließen sich mühelos weiter verfolgen. Vor etwa zehn Jahren erschien ein Buch mit dem originellen Titel, der in Kirchenkreisen z. T. sehr bedacht worden ist: „Kirche bei Gelegenheit". Die Folgerungen, die Kollegen allein aus dem Titel zogen, lauteten etwa: Die Kirche im großen Stil nimmt ab. Aber jammert nicht so viel, es gibt immer noch die Kasualien, es gibt immer noch Taufe, Konfirmation, Hochzeit, Beerdigung usw. Da treffen sich immer wieder Menschen, um bei dieser „Gelegenheit" echt und wahrhaft Kirche zu sein. Kirche als dauerhafte und krisenbewährte Gemeinschaft gibt es zunehmend weniger. Sie vollzieht sich aber punktuell bei solchen Gelegenheiten. Seid nicht traurig: die nächste Gelegenheit kommt sicher. Und jedesmal vollzieht sich dann Kirche.[21]

Damit wird suggeriert: Man kann neutestamentlich Kirche sein, ohne dass sich eine bleibende Gemeinschaft unter dem gehörten Wort Gottes einstellt. Kirche ergibt sich also, so die Meinung, wo Menschen sich zu einem „Kasus" zusammenfinden, der für sie durch die Kirche ausgestaltet wird. Wirklich noch die Kirche? Mit Kirche sind da doch längst nur noch die Mitarbeitenden der Kirche als professionelle Ritualberater gemeint. Was ist das für ein Kirchenbegriff, der hier vertreten wird? Die Tendenz ist jedoch längst weiter gegangen. Bei einer Tagung sprach man vor einiger Zeit bereits von Kirche als Au-

---

21 Ich mache ausdrücklich darauf aufmerksam, dass ich damit nicht das lesenswerte Buch von Michael Nüchtern meine. Ich beschreibe nur die Reaktion von Kolleginnen und Kollegen, die wohl meist nur den Titel des Buches kannten.

genblickskirche. Die Kirche hätte die Aufgabe, Events zu inszenieren, wird da ausdrücklich gesagt. Als Beispiel gilt der Weltjugendtag in Toronto, wo Tausende von Menschen für einen Augenblick zusammen kamen und dann im Gewühl dieser Menschen Kirche erlebten. Kirche? Augenblickskirche! Natürlich gibt es das. Aber kann und darf eine solche Ausnahmesituation der Kirche kurzerhand zum Grundmodell kirchlichen Handelns werden?

Damit ist eine entscheidende Grenze überschritten. Aus soziologischen Beobachtungen, wie Kirche von den Menschen heute verstanden wird, werden theologische und praktische Konsequenzen gezogen: So soll es also auch Wirklichkeit werden. Das aber steht einer Kirche, die sich Kirche nennt, nicht an. Anders: Mit solchen Urteilen erklärt die Kirche einen bedenklichen Verzicht auf Theologie, die durch Soziologie ersetzt wird.

Ein Vergleich

Ein Beispiel mag uns das deutlich machen. Die meisten Klöster haben einen Gästetrakt und einen Klosterladen. Das Kloster hat Nachwuchsprobleme. Nun kommen ein Soziologe und ein Betriebsberater, die dem Kloster zu mehr Breitenwirkung verhelfen sollen. Ihr Urteil: Das Wichtigste an euch, das die Menschen wahrnehmen und schätzen, sind der Gästetrakt und der Klosterladen. Die bringen Zukunft. Deshalb kommen die Menschen doch auch so gerne zu euch. Folgerung: Ihr müsst diese Seite eures Angebotes unbedingt stärken. Schließt doch euer Kloster und investiert eure verbleibenden Kräfte entschlossen in den Laden und in den Gästetrakt, vielleicht auch noch in die zugehörige Klosterbrauerei. Was bleibt da am Ende? Auf diesem Weg erneuert man kein Kloster. Im besten Fall bleibt ein funktionierendes Hotel und ein origineller Kiosk. Natürlich: Ein Kloster hat einen Gästetrakt und einen Klosterladen. Es ist aber von seinem Wesen her weder Beherbergungsbetrieb noch Andenkenlädchen oder gar Brauerei.

Genauso steht es um so manche Ratschläge, die der Kirche heute gegeben werden. Unsere Kirche hat dieser Gesellschaft vieles und vor allem Unverwechselbares zu bieten. Sie mag in der Wahrnehmung der Menschen tatsächlich ein Marktstand mit verlockenden Angeboten sein. Ob sie jedoch wirklich Kirche und nicht nur Marktstand ist, wird sich dann erweisen, wenn der Laden geschlossen wird. Ist Kirche in diesem Laden bereits aufgegangen? Oder wird Kirche, wenn der Laden zugeht, immer noch lebendige Kirche Jesu Christi bleiben?

Diesen Vergleich müsste man weiterspinnen. Natürlich wird sich die Kirche weiterhin und noch besser um die religiösen Bedürfnisse der Menschen, um Taufen, Konfirmationen, Hochzeiten und Beerdigungen kümmern, um dabei den Menschen nahe zu sein und ihnen Gottes gutes Wort zu sagen. Natürlich werden wir für die Jugendlichen und Erwachsenen auch Events bieten. Natürlich werden wir in Zukunft noch viel liebende Phantasie benötigen, um den Menschen aus dem Glauben an Gott heraus ihre Feste zu bereiten. Was aber bleibt, wenn all diese Events und Angebote wegfallen? Kirchen in der Verfolgungszeit, in der solche Angebote unmöglich geworden waren, geben davon ein unwiderlegbares Zeugnis ab. Darum haben wir die entscheidende Frage immer wieder zu stellen: Was macht Kirche eigentlich zur Kirche?

3. Was macht Kirche zur Kirche?

a) Kirche: in Gottes Sendung leben

Warum hat Gott die Kirche eigentlich gewollt? Diese Grundfrage muss zunächst beantwortet sein, bevor wir praktische Fragen an die Gestalt und die Arbeitsweise der Kirche stellen können.

Machen wir uns klar: Ohne Gottes Liebe, die diese Welt erreichen und verwandeln will, würde es die Kirche gar nicht geben. Wie ist das zu verstehen?

Gott ist in sich selbst Liebe, die über sich hinausweist und nicht sich selbst meint. Er selbst wollte und will diese Schöpfung, diese konkrete Welt. Die Kirche ist eine der Gestaltwerdungen dieser Liebe, mit der er sich suchend dieser Welt zuwendet. Das aber heißt: Kirche selbst ist nie das letzte Ziel der Liebe Gottes. Sie ist nie um ihrer selbst willen da. Sie ist das Instrument der Liebe Gottes, die dieser Welt gilt!

Was muss ein solches Verständnis der Kirche für die praktische Gestalt der Gemeinden bedeuten? Kirche ist nicht das Ziel der Sendung Gottes. Sie ist die Gestaltwerdung dieser Sendung. Nicht die Welt muss zur Kirche kommen, sondern die Kirche zur Welt. Bei jedem Kreis, in dem wir uns versammeln, bei jedem Gottesdienst, den wir feiern, muss uns das bewusst sein: Wir sind da, weil Gott durch uns diese Welt lieben und an sich ziehen will. Ist das noch so? Wie drückt sich das aus? Wie wird das deutlich?

b) Kirche: in Christi Sendung stehen

Die Weise, wie Gottes Liebe zur Welt Gestalt annimmt, ist zutiefst „messianisch". Sie ist uns in der Sendung Jesu Christi deutlich geworden. Das bedeutet, dass der Weg Jesu eben auch ekklesiologisch, d.h. als Urbild des Weges der Kirche zu lesen ist, wie das Paulus in seinem Zitat des Christushymnus (Phil 2,5-11) exemplarisch deutlich macht: Der Weg Jesu wird zum Maß der Gesinnung der Kirche. Man muss diesen Text einmal konsequent auf die Gestaltwerdung der Kirche hin lesen, um seine Brisanz zu begreifen: „Die Kirche hielt es nicht wie einen Raub fest, Gott gleich zu sein. Sie entäußerte sich selbst, nahm Knechtsgestalt an ... Sie erniedrigte sich selbst und wurde gehorsam bis zum Tode, ja bis zum Tode am Kreuz." Kirche als Sendung in der Nachfolge Jesu bedeutet, dass die Sendung Christi eben auch in der Kirche Gestalt annimmt und so zum unwiderlegbaren Zeichen der Liebe Gottes zur Welt wird.[22]

c) Reflexion der Realität

Der theologische Anspruch einer Ekklesiologie ist an der Realität der Kirche zu messen. Mir begegnen quer durch alle Formen der Kirche zwei Tendenzen, die sich gegenseitig verhängnisvoll genug ergänzen. Einerseits die Erwartung der Gemeindeglieder, dass sich „die Kirche" – und damit sind in der Regel die hauptamtlich angestellten Mitarbeiter gemeint – um sie kümmert, sie gleichsam versorgt. Dem korrespondiert verhängnisvoll der Anspruch vieler hauptamtlicher Mitarbeiter, nur sie würden „die Kirche" authentisch vertreten. Kirche als „Betreuungskirche", als „Versorgungskirche". Hier wird faktisch die Kirche zum Adressaten ihrer selbst. Der theologische Anspruch, Sendung der Liebe Gottes an die Welt zu sein, ist damit längst ad absurdum geführt.

Durch die Zürcher Disputation 84 wurde in der Schweiz ein begriffliches Gegensatzpaar wenigstens für kurze Zeit in der Diskussion populär: „Betreuungskirche oder Beteiligungskirche".[23] Damit ist der Hauptunterschied zusammengefasst,

---

22 vgl. dazu ausführlich unter 8. e) Eine Design-Anleitung aus dem Neuen Testament
23 vgl. Anmerkung 9

um den es hier geht. Kirche-Sein, das meint die Sendung der ganzen Gemeinde, nicht nur ihrer berufenen Mitarbeiter. Wer in dieser Kirche lebt, lebt in dieser Sendung der Kirche, ist selbst ein Gesandter der Liebe Gottes an die Welt. Dafür sollte er in dieser Kirche ausgerüstet, dazu sollte er von ihr begleitet werden. Mehr noch: Daran soll er sich von nun an auch leidenschaftlich beteiligen.

Endlich gilt: Die Welt wird als der Adressat der Liebe Gottes gesehen, als Adressat der Sendung und damit als Adressat der Kirche überhaupt. Was müsste das bedeuten, wenn das diakonische, soziale und politische ebenso wie das pädagogische und verkündigende Handeln der Kirche entschlossen dieser Welt gilt und gleichzeitig zum Handlungsfeld aller Gemeindeglieder wird? Unausgedacht und unausdenkbar? Das kann und darf es nicht sein? So und nicht anders hat Gott in seiner Liebe zur Welt die Kirche gemeint.

d) Theologie als Maß der Praxis

Zur Realität gehört nicht nur die Kirche in ihrer traditionellen Gestalt. Es gehören dazu auch die vielfältigen Aufbruchbewegungen, die zahlreichen Bemühungen um Gemeindeaufbau. Wir sind dankbar für viele Initiativen, die zur Lebendigkeit der Gemeinden führen. Aber auch sie sind theologisch zu befragen: Wird hier wirklich Kirche zu ihrer Sendung an die Welt ermutigt und auch befähigt? Wird sie z.B. durch die Arbeit verschiedener Gemeindeaufbaubewegungen wirklich „welt-zugewandt"? Oder bleibt sie, bei aller Lebendigkeit, die in solche Gemeinden einkehrt, nicht doch faktisch „kirchen-zugewandt": interessiert an ihrer eigenen Größe, ihrer eigenen Lebendigkeit, ihrem eigenen Wachstum, der Größe ihrer Gottesdienste und der Anzahl ihrer Gruppen? Dieselbe kritische Frage gilt genauso, ja vielleicht in noch höherem Maß für die Volkskirchen. Brechen sie auf in eine missionarische Dimension, bloß weil sie Angst um ihren Fortbestand haben? Das würde nicht reichen. Den Kirchen und Gemeinden darf und kann es, wenn sie wirklich Gottes Sendung ernst nehmen, nicht um sich selbst gehen, so wenig es Gott in seiner Liebe zur Welt um sich selbst geht. Die Grenzlinie ist in der Praxis unmerklich, ist aber theologisch scharf zu ziehen: Meint Kirche die Welt, oder meint sie sich selbst?

e) Wir benötigen eine „Theologie der Welt"

Unsere abendländische Geschichte hat dazu geführt, dass wir in der kirchlichen Praxis zwischen Gesellschaft, Christentum und Kirche nur schwer unterscheiden können. Über Jahrhunderte hinweg war es doch so, dass mehr oder weniger alle Menschen Mitglieder wenigstens einer der großen Kirchen waren. Wesentliche Werte des Christentums wurden zu den Grundwerten der modernen Gesellschaft. Grundlegende Ausprägungen christlicher Diakonie und Sendung wurden zu Aufgaben des Staates: Krankenhauswesen, Altersbetreuung, Fürsorge, Schulwesen usw. All das und noch viel mehr wäre ohne den Einfluss des Christentums auf das Abendland unmöglich gewesen. Spuren des christlichen Glaubens finden sich immer noch weit verbreitet in unserer Kultur und in unserem öffentlichen Bewusstsein.[24]

Dabei ist längst deutlich, dass sich unsere Gesellschaft in ihrer Selbstdeutung nicht mehr von einem gemeinsamen religiösen Grund her definiert. Insofern hat sie den Boden des christlichen Glaubens verlassen und ist säkular geworden. Christliche Grundorientierung wird zwar dem einzelnen Menschen in seinem privaten Bereich durchaus zugestanden. Gesellschaftlicher Anspruch des Christentums aber, der über den privaten Bereich hinausgeht, darf kaum noch erhoben werden.[25]

---

24 Vgl. dazu den Beitrag: Was verdankt das Abendland dem Christentum? im Anhang.

25 Man muss sich klar machen: Bis in die ersten Jahrzehnte nach dem zweiten Weltkrieg war eine öffentliche Berufung auf die christliche Grundlage unserer

Jene Landeskirchen, die sich nach wie vor als „Volkskirchen" verstehen und interpretieren, verschleiern weitgehend den grundlegenden Unterschied zwischen dem privaten christlichen Bewusstsein der einzelnen Gemeindeglieder und dem säkularen Bewusstsein, das unserer Gesellschaft zugrunde liegt. „Wir schließen niemand aus. Von uns aus gehört jeder zu uns", so hielt mir empört die Präsidentin der Synode einer großen schweizerischen Landeskirche nach einem Vortrag entgegen. In der Diskussion bekam ich das Wort nicht mehr. Sonst hätte ich im Namen all der säkularen Mitbürger nachgefragt: „Mit welchem Recht schließen sie mich denn eigentlich in ihre Kirche ein, ohne mich vorher zu fragen, ob ich das überhaupt will? Das ist keine Großzügigkeit, sondern ein unverhohlen imperialistischer Dünkel. Sind sie sich eigentlich bewusst, dass viele Menschen das gar nicht mehr wollen?" Die Zeit, in der mehr oder weniger alle Menschen einfach zur Kirche gehörten, ist längst und unumkehrbar vorbei. Es geht nicht darum, dass wir von der Kirche aus die Menschen einteilen nach dem Motto: Der gehört dazu und der nicht. Es darf aber ebenso nicht darum gehen, einfach alle Menschen in die Kirche einzuschließen. Es sind ja längst die Menschen selbst, die sich einteilen in solche, die noch dazu gehören, in andere, die lieber auf Distanz bleiben, und in noch andere, die innerlich bzw. äußerlich bereits Abschied genommen haben. Diese Entscheidungen der Menschen sind von der Kirche unbedingt ernst zu nehmen. Da scheinen die säkularen Menschen oft theologisch besser Bescheid zu wissen als so manche Kirchenleitungen. Jedem Menschen gilt Gottes Liebe. Es gehört jedoch nicht einfach jeder zur Kirche. Auch nicht jeder, der Kirchensteuern zahlt.[26]

Gesellschaft durchaus möglich. Die radikale Privatisierung des Christentums, die Definition der Gesellschaft als „werteneutraler Gesellschaft" war zwar in der Kulturgeschichte des Abendlandes längst angelegt, in der grundlegenden Schärfe, in der wir sie heute erleben, ist sie jedoch erst wenige Jahrzehnte alt.

26 Im ökumenischen Kontext ist es teilweise erschreckend, wenn Stichworte wie Mission und Evangelisation immer noch als evangelikal oder gar fundamentalistisch verdächtigt werden. Wer heute in der Kirche klar und weit sieht, der

Daneben stehen jene Kirchen, die das Stichwort „Mission" endlich wieder aufgegriffen haben. Sie nehmen ernst, dass wir uns als Minderheitenkirche in einem nichtchristlichen Umfeld befinden, dem wir als Kirche die Lebensbotschaft des Evangeliums schuldig sind. „Mission" und „Evangelisation" werden zu Hauptworten kirchlicher Tätigkeit.[27] Dahinter steht: Diese

drückt sich um diese Stichworte längst nicht mehr herum, sondern hebt sie auf den Leuchter. Wenn die Synode der EKD bzw. der Bischof der EKiBB (Evangelische Kirche in Berlin und Brandenburg, Dr. Wolfgang Huber) sagen, Mission sei das Hauptwort der Kirche der Zukunft, so hat das mit Evangelikalismus oder Fundamentalismus nichts zu tun. Es ist das markante Zeugnis einer Kirchenleitung, die ihre gesellschaftliche Bedeutung nicht länger überschätzt und nach den Konsequenzen fragt, die sich aus der gesellschaftlichen Realität, vor allem aber aus dem geistlichen Auftrag der Kirche ergeben.

27 Wendepunkt der Diskussion war die Leipziger EKD-Synode 1999 mit dem Vortrag von Eberhard Jüngel „Mission und Evangelisation", jetzt in ders. Ganz werden. Theologische Erörterungen V, Tübingen 2003, 115-136. Man vgl. dazu Evangelisation und Mission. Ein Votum der Arnoldshainer Konferenz, Neukirchen-Vluyn 1999; Evangelisches Missionswerk in Deutschland/Arbeitsgemeinschaft Christlicher Kirchen in Deutschland/missio: Missionarische Ökumene. Eine Zwischenbilanz, Hamburg 2002 sowie dies., Unser gemeinsamer Auftrag: Mission und Evangelisation in Deutschland. Ein Wort der Arbeitsgemeinschaft Christlicher Kirchen in Deutschland, Frankfurt 2002. Markant hat das EKD-Kirchenamt Stellung genommen: Das Evangelium unter die Leute bringen, EKD-Texte 68, Hannover 2001 (im Internet als Download erhältlich). Unter den Arbeitshilfen für die Gemeinden ist die kleine Broschüre der Evangelischen Kirche in Berlin-Brandenburg, Leitlinien kirchlichen Handelns in missionarischer Situation, Berlin, als Beispiel zu nennen. Zum Thema „Die Ausbildung der Pfarrerinnen und Pfarrer angesichts der missionarischen Herausforderung der Kirche" kam es im Oktober 2002 zu einer Konsultation der Arbeitsgemeinschaft Missionarischer Dienste und der Evangelischen Kirche in Deutschland. Die Ergebnisse sind in der EPD-Dokumentation 14 vom 31.3.2003 zugänglich. Konkretestes Ergebnis bis jetzt scheint die kommende Gründung eines „Instituts für die Erforschung von Evangelisation und Gemeindeentwicklung" in Greifswald zu sein. Das Institut, das im April 2004 seine Arbeit aufnehmen soll, wird vorläufig von der Theologischen Fakultät in Greifswald, der Pommerschen Evangelischen Kirche und der Arbeitsgemeinschaft missionarische Dienste (AMD) getragen, hoffentlich unter offizieller Beteiligung der EKD. Bemerkenswert sind parallele Entwicklungen in der römisch-katholischen Kirche in Deutschland. Vgl. nur „Zeit zur Aussaat". Missionarisch Kirche sein (Reihe: Die deutschen Bischöfe Nr. 68, Bonn 2000) sowie das Ergänzungsheft „Auf der Spur". Berichte und Beispiele missionarischer Seelsorge (Reihe: Arbeitshilfen Nr. 159, Bonn 2001). The-

neuen Impulse setzen voraus, dass es eine Kirche gibt und daneben eine nichtchristliche „Welt", der die Kirche das Zeugnis des Evangeliums unbedingt schuldet.

Darum ist uns aus theologischen Gründen die theologische Reflexion des Unterschiedes zwischen „Welt" als Ziel der Liebe Gottes und der „Kirche" als Sendung, als Gestaltwerdung dieser Liebe, dringend notwendig. Die „Welt" hat einige Dimensionen: sie ist Schöpfung Gottes, sie ist Gesellschaft, sie ist nachchristlich-säkulare Gesellschaft. Welt als Schöpfung hat ihre eigene Dignität. Welt als Gesellschaft hat ihre eigene anthropologische und soziologische Dynamik. Welt als nachchristliche Gesellschaft hat ihre eigene antichristliche Brisanz.[28] Gerade darum halten wir fest: Die Welt ist und bleibt das Ziel der umwerfenden Liebe Gottes. Pointiert: Das Ziel Gottes mit der Welt ist nicht, dass sie zur Kirche, sondern dass sie zur Welt Gottes wird. Kirche ist Gottes Mittel zu diesem Ziel! Gott wird einen neuen Himmel und eine neue Erde schaffen, aber keine neue Kirche. Das bedeutet, dass es keine Besinnung auf die Kirche, also keine theologische Ekklesiologie geben kann ohne theologische Besinnung auf das, was Welt in Gottes Augen bedeutet.[29]

---

ologisch vorweggenommen wurden diese Entwicklungen durch Papst Paul VI, dessen Schrift „Evangelii Nuntiandi" von 1975 (!) bis heute wegweisend und überraschend aktuell ist (Reihe: Verlautbarungen des Apostolischen Stuhls Nr. 2, Apostolisches Schreiben Papst Pauls VI über die Evangelisierung in der Welt von heute, Bonn 1975), erhältlich beim Sekretariat der Deutschen Bischofskonferenz, Bonner Talweg 177, 53129 Bonn.

28 vgl. dazu W. J. Bittner, Abendländische Kultur und christlicher Glaube, in Wolfgang J. Bittner, Kirche im Kultur-Umbruch (Arbeitstitel; erscheint voraussichtlich im Herbst 2004).

29 Als Anfang zu solcher Besinnung ist Kapitel 1 dieses Buches gedacht. Doch dort liegen nur Beobachtungen zur Situation der abendländischen Gesellschaft vor. Was das nun theologisch und damit für die Kirche selbst bedeutet, sollte in diesem Kapitel anklingen: Die Welt ist Ausdruck wie Ziel von Gottes Liebe. Kirche ist Sendung eben dieser Liebe Gottes an seine Welt. Diese Definition aber bedingt, dass von einer klaren 'theologischen' Unterscheidung zwischen Kirche und Welt zu reden ist.

f) Kirche als Gemeinschaft

Seit Jahren fragen wir in allen Gesprächen, die wir führen, in all den Kreisen, in denen wir das bewegen: Was sind eigentlich die Grundkennzeichen, die Kirche zur Kirche machen und von denen keines fehlen darf? Was sind die grundlegenden Prägungen, aus denen heraus in jeder neuen Kultur und neuen Epoche Kirche neu geboren wird? Kirche ist Gestaltwerdung der Liebe Gottes an die Welt. Wie gestaltet sich das aus? Es sind vier Grundkennzeichen, die kirchliche Existenz prägen:

Kirche als Anbetungsgemeinschaft

Kirche beginnt mit der Anbetung Gottes. Die Kirchenväter haben gesagt, die Kirche werde aus der Eucharistie, dem Abendmahl geboren. Sie meinten: Kirche beginnt immer neu durch den sich selbst schenkenden Gott. Die Reformation hat das auf ihre Weise erkannt und neu gesagt: Kirche beginnt nicht mit uns Menschen. Kirche beginnt mit der Verkündigung des Wortes Gottes. Gemeint ist damit: Kirche beginnt nicht bei uns. Sie beginnt nicht mit unserem Glauben, nicht mit der Art und Weise, wie wir zusammen beten, Gottesdienst feiern oder uns helfend für andere einsetzen. Sie beginnt täglich und stündlich damit, dass Gott selbst sich uns schenkt. Wir Menschen stehen mit leeren Händen da, haben nichts selbst zu bringen. Wir warten täglich und stündlich auf Gott, der sich uns schenkt. Weil er sich uns in seinem Wort und seinem Abendmahl ständig neu hingibt, darum sind wir Kirche. Im Bild: Einen Bach gibt es nur, weil sich die Quelle ständig neu ergießt. Die Kirche lebt aus jenem Bach, der sich aus Gottes Quelle täglich erneuert. Unsere menschliche Haltung ist die des Empfangens. Wir stehen als Kirche vor Gott als Menschen, die ihn in Anbetung empfangen, wie der Bach sich aus der Quelle heraus ergibt.
Nun bitte ich Sie, das ja nicht fromm und vor allem nicht intellektuell misszuverstehen. Die Kirche lebt nicht von einem Gedanken an die Anbetung oder gar von einer bestimmten liturgisch exakten Form des Abendmahls. Sie lebt aus Gott. Anbe-

tung und Abendmahl sind wie das Hören des Wortes Gottes die Ausdrucksformen unserer Hinwendung zu Gott. Das ist wahrhaftig etwas anderes. Aus dem Vollzug der Anbetung heraus müssen die geistlichen Lebensformen der Kirche geboren werden. Was bedeutet das? Die Kirche der Zukunft wird immer tiefer in die Anbetung, in die Eucharistie, in das schlichte Empfangen und Hören des Wortes Gottes hineinwachsen. Es geht nicht um neue Formen. Letztlich haben wir längst vielfältige Formen entwickelt: Gebet, Betrachtung, Meditation, Kontemplation usw. Es geht um die Frage: Taugen diese Formen in meinem, in unserem Leben? Wird daraus bei uns Anbetung Gottes, die diesen Namen wirklich verdient? Führen sie uns als Kirche dahin, wo Gott mit uns spricht, wo Gott sich uns schenkt?

Nochmals: Anbetung ist keine Frage der Form! Es geht nicht darum, unsere Gottesdienste mit einem Teil von Anbetungsliedern bloß anzureichern und zu meinen, damit hätte man Anbetung geleistet. Anbetung meint etwas sehr Nüchternes, das mein ganzes Leben umfasst: Ich stelle mich mit meinem ganzen Leben vor Gott hin und lasse mich von ihm enteignen. Anbetung ist die Erfüllung des ersten Gebotes, ohne die es keinen christlichen Glauben gibt: „Du bist der Herr, mein Gott. Ich habe keine anderen Götter neben dir." Indem ich in der Anbetung dieses Gebot zu meinem Bekenntnis mache, widerstehe ich gleichzeitig allen Göttern und Herren, die meinen, einen Anspruch auf mich und mein Leben zu besitzen. Wir bekennen uns zur alleinigen Herrschaft Gottes, der über alles regiert und bestimmt.

Damit ist gleichzeitig klar, dass Anbetung der politischste Akt ist, den die Kirche je vollziehen kann. Das haben die Diktatoren im Verlauf der Geschichte immer gewusst. Mit jedem Menschen, ja mit allen Gruppen in dieser Welt kann man fertig werden, nicht aber mit Menschen und Gruppen, die ihren Glauben aus der Anbetung Gottes heraus leben. Nochmals: Anbetung ist Erfüllung des ersten Gebotes. Anbeteung ist damit der politischste Akt, den die Kirche in dieser Welt vollziehen kann. Das ist das Erste: Kirche ist in ihrem tiefsten Grund Anbetungsgemeinschaft.

Kirche als Lebensgemeinschaft

Aus der Anbetungsgemeinschaft heraus ergibt sich: Kirche ist Lebensgemeinschaft. Wer in der Anbetung Gott begegnet und so aus Gottes schenkender Liebe lebt, wird sich wundern, wer sich da neben ihm vor und mit Gott einstellt. Manche, von denen man nie gedacht hätte, sie kämen, sind plötzlich da. Und andere, mit denen man fest rechnete, sucht man nun vergebens. Klar anschaubar wird das an der Zeit des deutschen Kirchenkampfes.[30] Wie viele fromme, biblisch gebundene Christen waren damals unsicher, waren in ihrer Stellungnahme gegen Hitler lange oder gar bis zum Ende undeutlich. Dagegen: Wie viele theologisch liberale Theologen waren von früher Zeit an klar! Die Zeit des Kirchenkampfes, die dabei ausgetragenen theologischen Auseinandersetzungen und die Positionierung der verschiedenen evangelischen und katholischen Gruppen, als es darum ging, Klarheit zu zeigen und sich zu bekennen, sind wahrhaft der Aufmerksamkeit wert. Da haben Menschen zu-

---

30 Mit „Kirchenkampf" wird die Auseinandersetzung der Bekennenden Kirche mit den Deutschen Christen ab 1933 in Deutschland bezeichnet. Letztlich ging es darum: Hat die Kirche *allein* auf Christus und sein Wort zu hören? Oder hat sie in gleicher Weise auch und neben der Stimme Christi auf Entwicklungen und Bedürfnisse der Gesellschaft zu hören? Die Deutschen Christen schlugen den zweiten Weg vor. Die „gesellschaftliche" Ankunft des Führers war für sie Gottes Stimme. Die „Erfordernisse der Zeit" seien zu hören, um Gottes Stimme heute zu verstehen. Biblisches Zeugnis wurde dem gesellschaftlichen Empfinden unterstellt. Die Bekennende Kirche trat dem entgegen. „Jesus Christus, wie er uns in der Heiligen Schrift bezeugt wird, ist das eine Wort Gottes, das wir zu hören, dem wir im Leben und im Sterben zu vertrauen und zu gehorchen haben ...“ Die erste These der theologischen Erklärung von Barmen 1934 meinte keinen Rückzug auf die private Innerlichkeit des christlichen Glaubens. Sie meinte gerade die öffentliche Dimension kirchlicher Existenz. Das gilt bis heute. Wir lassen uns von der Gesellschaft nicht in einen privaten Bereich abdrängen. Kirche ist öffentliche, ist gesellschaftliche Größe! Gerade da hören wir jedoch ausschließlich auf Christus als den guten Hirten und nicht auf die fremden Stimmen, die sonst noch an unser Ohr und Herz dringen. Keine Frage: Die fremden und durchaus religiösen Stimmen gibt es. Aber wir hören nicht auf sie! Christus allein ist die Stimme, die wir hören. Er ruft uns in die Nachfolge, neben der es keine anderen führenden und uns bestimmenden Stimmen mehr gibt. Das gilt mit dem Evangelium bis heute.

sammengefunden und sind zueinander gestanden, die menschlich und oft genug auch theologisch gar nicht zusammengepasst haben. Es war die Achtung vor dem ersten Gebot als der unbedingten Grenze, die ihre einsame und gemeinsame Anbetung begründete und die sie darum im Widerstand gegen das Regime auch menschlich aneinander band. Anbetungsgemeinschaft wurde und wird Lebensgemeinschaft.

In welcher Gemeinschaft vollzieht sich heute Kirche? Die Frage ist in der Postmoderne, in der der Einzelne so dominiert, dass es zu Gemeinschaftsbildungen kaum mehr kommt, besonders wichtig geworden. Wir stehen vor einem Verlust von Beziehungs- und Gemeinschaftsformen, weil die Fähigkeit der Menschen, Verpflichtungen einzugehen, scheinbar abnimmt. Man meint, verpflichtende Gemeinschaft könne man den Menschen nicht mehr zumuten. Auch an dieser Frage wird sich entscheiden, was Kirche ist und sein muss. Wir haben uns über Jahrhunderte hinweg an eine Gemeinschaftslosigkeit gewöhnt, die dem, was Kirche ist, in keiner Weise entspricht und obendrein für die Menschen selbst nicht hilfreich ist.

Wir werden Gemeinschaftsformen entwickeln und fördern müssen, die sich an den konkreten Lebensgemeinschaften von katholischen Orden und evangelischen Kommunitäten orientieren. Es kann nicht darum gehen, eine Vielzahl neuer Kommunitäten zu gründen. Sehr wohl aber geht es darum, von ihnen zu lernen. An ihnen ist abzulesen, welchen Gewinn an Lebensqualität es bedeutet, wenn man nicht im postmodernen Sinn das Ideal der absoluten Autonomie lebt und obendrein noch meint, der Glaube sei noch ein Zuwachs solcher Autonomie. Wir brauchen Gemeinden als echte Lebens- und Weggemeinschaften.[31] Zumindest brauchen wir Gruppen und Zellen innerhalb der Kirche, die sich als solche zu verpflichtenden Lebens- und Weggemeinschaften zusammenfinden. Der Glaube

---

31 Man spricht heute gerne und etwas unklar von Kirche als einer Such- und Lerngemeinschaft, wenn möglich einer suchenden Weggemeinschaft. Das aber kann sie nur sein, wenn sie die Vereinzelung der Menschen überwinden will und den Mut hat, auch konkrete und verpflichtende Lebensgemeinschaft zu sein.

führt mich doch zu konkreten Menschen und bindet mich mit jenen zusammen, die mit mir unterwegs sind. Anders ist letztlich unser ganzes Leben nicht lebbar. Dabei werde ich Freiheiten und Möglichkeiten, die mir in der Isolation des Individualismus zuzustehen scheinen, bewusst abgeben. Mein Leben wird aber dadurch nicht ärmer, sondern reicher. Die bisherigen normalen, letztlich nicht verpflichtenden Gemeinschaftsformen, die ich kenne und in denen ich selbst als Mensch und Christ aufgewachsen bin, taugen für eine Zeit der Postmoderne nicht mehr. Dabei ist zu fragen, ob sie je einmal wirklich ausgereicht haben.

Herausfordernd: Wie könnten Vorformen kommunitärer Lebensgemeinschaften aussehen? Beispiel: Wir verbringen jeden vierten Sonntag gemeinsam. Wir feiern gemeinsam den Gottesdienst als Familiengottesdienst. Danach treffen wir uns zu einem einfachen gemeinsamen Mittagessen. Anschließend machen wir einen Ausflug oder Spaziergang, der sich für Kinder, für Jugendliche und auch für ältere Menschen eignet. Eine Spurgruppe plant verschiedene Routen für die verschiedenen Gruppen. Am Ende treffen sich alle nochmals zu einem fröhlichen gottesdienstlichen Abschluss, vielleicht sogar zu einem einfachen gemeinsamen Abendessen, zu dem vorher alle ihren Beitrag mitgebracht haben.

Das ist nur ein einfaches Beispiel.[32] Dabei geht es um viel: Wie

32 Als weiteres Beispiel: Ein Hauskreis sprach über die Gefährdung, beim Einkauf auf verschiedene Werbeangebote hereinzufallen. Mehr zum Spaß äußerte einer: Wir könnten doch ein Ausgabenlimit vereinbaren. Alles was mehr als ... (die Höhe des Betrages ist unwesentlich) kostet, besprechen wir zunächst innerhalb des Hauskreises. Mehr aus Verlegenheit sagten alle probehalber zu. Das Ergebnis beschrieben sie später in dreifacher Richtung: Manche Ausgaben waren so überflüssig, dass allein die Wartezeit bis zum nächsten Hauskreistermin ausreichte, die Anschaffung fallen zu lassen. Bei anderen Anschaffungen zeigte sich, dass ganz ähnliche Geräte im Freundeskreis vorhanden waren und von dort wesentlich günstiger übernommen werden konnten. Endlich diente das Gespräch auch der charakterlichen Reifung. Dass z.B. eine Frau mit drei kleinen Kindern sich nur die billigste Waschmaschine leisten wollte, war aus der Prägung erwachsen, sich selbst immer nur das Einfachste leisten zu dürfen. Am Ende kaufte sie mit Freude ein Produkt, das ihren wirklichen Bedürfnissen entsprach. Auf diese

werden wir als Kirche zu einer Gemeinschaft, in der Menschen zunehmend neben ihrem Glauben auch ihr reales Leben miteinander teilen?

Kirche als Dienstgemeinschaft

Eine solche Lebensgemeinschaft wird zwingend Dienstgemeinschaft sein. Welchen Dienst an anderen tun wir miteinander? Diese Frage stelle ich immer wieder an Hauskreise. In der Regel beginnt man in einem Hauskreis einigermaßen jubelnd und freut sich über den realen Zuwachs an Nähe und Vertrautheit. Unglaublich, wie beglückend man plötzlich nahe und feste menschliche Gemeinschaft erfährt. Hauskreise sind für viele Menschen Inseln menschlicher Nähe und christlicher Gemeinschaft geworden. Wir wünschen darum der Hauskreisbewegung von Herzen ein weiteres Wachstum.

Irgendwann aber stagniert genau dieses Wachstum. Die anfängliche innere Freude lässt nach.[33] Habt ihr gemeinsam einen Dienst, so lautet meine Frage regelmäßig? Was tut ihr miteinander? Die Liebe, die Gott mir schenkt, kann nicht nur individuell weitergegeben werden, da und dort. Vor allem kann und darf sie nicht innerhalb des Kreises stecken bleiben. Wurde daraus auch ein gemeinsamer Dienst an anderen?

Es gibt viele Menschen in unseren Hauskreisen, die sich tatsächlich in ihrem Privatbereich genügend für ihr persönliches Umfeld einsetzen. Es sind Menschen, die in ihrem Beruf und ihrem Beziehungsumfeld so eingespannt sind, dass ihnen Zeit und Kraft zu einem weiteren Engagement fehlt. Die Frage ist aber dennoch dringend. Wo bleibt die gemeinsam geübte Diakonie, die uns auch als Gemeinschaft, als Gruppe stärkt?

Weise machte der Hauskreis die Erfahrung, wie hilfreich es ist, in einer konkreten Gemeinschaft über die jeweiligen Konsum-Maßstäbe ins Gespräch zu kommen. Sie gingen nicht so weit, Gütergemeinschaft zu vereinbaren. Der Hauskreis verfügte auch nicht darüber, was nun auszugeben sei und was nicht. Auf jeden Fall haben die Mitglieder dieses Kreises ihren Schritt in gegenseitige Offenheit als Hilfe erfahren, die sie nicht mehr missen möchten.

33 Hilfreiches dazu findet sich bei Klaus Eickhoff, Brief an einen Hauskreis. Schritte zu einer neuen Begeisterung, Aßlar 2000

Irgendwo muss zum Ausdruck kommen, dass Gott uns nicht um unserer selbst willen meint. Er hat uns gemeinsam in seinen Dienst gerufen.

Oft werde ich gefragt, welche „Dienste" ich denn da meinen würde. Das macht mich jeweils hilflos. Haben die Menschen wirklich keine eigenen Ideen? Wo ist gesellschaftliche Hilfe dringend nötig, die z.B. ein Hauskreis gemeinsam anpacken könnte? Ich fantasiere:

- Ein Hauskreis beginnt im eigenen Stadtviertel eine Art von Kindertagesstätte für alleinerziehende Mütter. Vielleicht reicht die Zeit nicht für ein volles Programm.

- In der Nähe befindet sich ein Alten- und Pflegeheim. Wir beginnen zusammen mit dem örtlichen Pfarrer mit Gottesdiensten, zu denen wir auch die Angehörigen persönlich einladen. Dazu bauen wir einen Besuchsdienst in diesem Altenheim auf.

- Wir planen alle vier Wochen einen Familien-Sonntag: ein einfaches Suppen-Essen nach dem Gottesdienst, ein vielfältiger Ausflug für Kinder, Jugendliche, Erwachsene und Senioren – und am Ende ein gemeinsamer fröhlicher Abschluss.

- Drei Familien tun sich zusammen, um an drei Tagen in der Woche wechselseitig für alle gemeinsam zu kochen: Montag, Mittwoch und Freitag. Wir kochen bewusst einfach. Es gibt genügend gute Eintopf-Rezepte. Dazu laden wir alleinstehende und vor allem ältere Menschen herzlich mit ein. Wahrscheinlich braucht es dafür einen neuen großen Kochtopf. Wir kaufen ihn gemeinsam und tauschen ihn jeweils aus. Dabei erfahren wir konkrete Gemeinschaft, die auch offen für andere ist. Vielleicht erweitert sich dann das Angebot für einen ganzen Stadtteil ...

- Wir fragen uns, welche Nöte und Aufgaben uns in der Nachbarschaft deutlich sind. Hausaufgabenhilfen für Kinder und Jugendliche, Rechtsbeistand für den Gang auf Ämter, gemeinsame Mitarbeit in einer sozial engagierten Organisation ...

Die Bedeutung der Verkündigung des Evangeliums

Gerne würde ich die bisher besprochenen Elemente mit Ihnen allen noch weiter entfalten. Es handelt sich dabei um die drei altkirchlichen Grundelemente der Kirche: um Gottesdienst (Leiturgia), um Gemeinschaft (Koinonia) und um den Dienst der Liebe (Diakonia).

Vielleicht haben sie sich bereits gefragt, wo denn in dieser Aufzählung die Verkündigung vorkommt. Muss Kirche nicht vor allem das Evangelium verkündigen? Fehlt da also nicht etwas? Ja und Nein. Man macht sich am besten klar, dass die Verkündigung des Evangeliums bereits an verschiedenen Punkten der Aufzählung verborgen vorkommt. Ohne Gottes Wort wüssten wir nichts von Gott, nichts vom ersten Gebot, würden also ihn nicht anbeten. Ohne sein Wort wüssten wir nicht, dass Gott sich uns in Jesus Christus schenkt und wir aus diesem Geschenk, ja, nur aus diesem wirklich leben können. Ohne sein Wort würden wir auch nicht als Menschen zur Gemeinde zusammenfinden. Und ohne dieses Wort wüssten wir nicht, dass und warum wir in den Dienst der Liebe Gottes zu dieser Welt einbezogen sind. Aus dem Hören von Gottes Wort, in dem uns Gottes unbedingter Zuspruch und sein ebenso unbedingter Anspruch kund wird, kommt Kirche in jedem Moment neu her.

Ulrich Zwingli hat das, was die Reformation erkannte und festhielt, in kaum zu überbietender Knappheit und Klarheit ausgedrückt. Er fragt: „Welches ist Christi Kylch?" Darauf gibt er die Antwort: „Die syn Wort hört." Man achte gut darauf: Immer neu kommt die Kirche aus dem Hören dessen, was sie sich nie und was keiner in der Kirche sich selbst je sagen kann, was niemand an sich selbst und an seiner Geschichte (auch die Kirche nicht an ihrer Geschichte!) ablesen kann. Nur Gott kann uns das in seinem Wort zusprechen. Und weil er es tut, weil dieses Wort seine Hörer in uns findet, nur darum gibt es Kirche. Verkündigung des Wortes Gottes und das Hören eben dieses Wortes sind unauflösbar aufeinander verwiesen. Wo es das eine nicht gibt, da gibt es auch das andere nicht. So ist dieses verkündigte und dieses gehörte Wort nicht einfach eine weitere Grundfunktion neben den drei oben erwähnten. Es ist gleichsam die Grundlage, aus der diese drei immer neu entstehen: Weil wir dieses uns zugesagte Wort hören, darum können wir anbeten. Weil wir dieses uns zugesagte Wort hören, darum gehören wir als Lebens- und als Dienstgemeinschaft zusammen. Aus diesem, aus keinem anderen Grund. Kirche ist nicht psychologisch, soziologisch oder frömmigkeitsgeschichtlich verfasst. Sie ist in ihrem Wesen „Hörgemeinschaft" des Wortes Gottes. Und darum bleiben wir als Christen auch unbedingt zusammen. Darum aber sagen wir dieses Wort auch als Zeugnis unseres Glaubens fröhlich weiter.

Kirche als Zeugnisgemeinschaft

Die Verkündigung des Wortes Gottes hat jedoch noch eine andere Dimension, die nun durchaus und auch notwendigerweise zu den ersten drei Grundfunktionen der Kirche hinzutritt: die Martyria, das Zeugnis dieses Wortes nach außen. Ich denke dabei an den ersten Petrusbrief, der für unsere heutige Zeit überraschend aktuell ist. Da wird den Gemeinden gesagt: „... (seid) ... allezeit bereit zur Verantwortung gegen jeden, der von euch Rechenschaft fordert über die Hoffnung, die in euch ist" (3,15). Der Brief setzt voraus, dass in diesen kleinen Gemeinden, wir würden heute von kleinen Hausgemeinden reden, an Anbetung, Gemeinschaft und Dienst eine Hoffnung spürbar wurde, die bei den Menschen ihrer Umgebung Fragen erweckte. Das Zeugnis Jesu soll nun weitergegeben werden als Antwort auf Fragen, die an diese Gemeinden gestellt werden. Davon bin ich überzeugt: Wenn Gemeinden, wenn Gruppen, wenn heutige Lebens- und Dienstgemeinschaften den Weg der Leiturgia (Anbetung), der Koinonia (Lebensgemeinschaft) und der Diakonia (Dienstgemeinschaft) gehen, dann werden auch heute Fragen unter den Menschen wach: Was ist los mit euch Menschen, die einen solch anderen Lebensentwurf wählen? Welche Hoffnung treibt euch denn zu einer solchen Existenz, die jedem modernen und jedem postmodernen Lebensentwurf grundlegend widerspricht?

,Martyria', Zeugnis des Evangeliums, meint hier die Antwort auf Fragen, die säkulare Menschen stellen. Warum stellen sie sie? Weil die konkrete Lebensform der Christen solch markante Fragen provoziert. Warum lebt ihr so anders? Welcher Glaube steckt hinter eurem Leben?

Die Reihenfolge

Eine kleine Nachbemerkung zur Reihenfolge der vier Grundelemente des Kirche-Seins unserer Kirche: In Gesprächen wird oft deutlich, dass die Reihenfolge der vier Elemente von Menschen biographisch sehr anders erlebt wird. Jemand erfährt zunächst die christliche Dienstgemeinschaft, durch die sich erst später so etwas wie Lebensgemeinschaft ergibt. Und erst spät, oft viel später, vertieft sich dieses Zusammensein zur Anbetungsgemeinschaft. Von anderen Menschen und Gruppen wird das nochmals anders gesehen. Jede Biographie ist anders.

Die oben skizzierte Reihenfolge ist nicht biographisch, wohl aber sachlich gemeint. Auch wer Kirche im Lauf seines Lebens ganz anders erfährt, der weiß doch um die sachliche, man müsste genauer sagen: um die theologische Begründung von Kirche: Aus der Anbetung allein ergibt es sich, dass wir Lebensgemeinschaft und Dienstgemeinschaft sind und es auch bleiben. Die oben angeführte Reihenfolge ist also theologisch gemeint. Sie ist, auch wo sie lebensgeschichtlich anders erfahren wird, theologisch nicht veränderbar.

4. Haupthindernis der Gemeindewerdung: die Delegationsspirale

a) Ein Beispiel aus der Beratung

Zu einem Seelsorger kommt eine jüngere Frau. Ihre Art ist derart sanft und zurückhaltend, dass dem Seelsorger eigenartig unwohl dabei wird. Kann jemand wirklich so sanft und gütig, so rundum nur verständnisvoll sein?

Doch dann packt sie aus: Ihr Mann sei außerordentlich aggressiv zu den Kindern, so dass sie für diese zu fürchten beginne. Wenn er am Abend heimkomme, nehme er sich jedes Mal die Kinder vor. Es komme zu schrecklichen Szenen. Der Seelsorger, so bat sie, möge ein Wort mit ihm sprechen.

Der Seelsorger war als erfahrener Berater wach genug, nochmals genauer hinzuhören. Er wusste nur zu gut, dass jeder Mensch seine sanften und auch seine aggressiven Seiten hat. Wo aber war die Aggressivität der Frau geblieben? Da konnte etwas nicht stimmen.

Was war geschehen? Die Frau hatte durch ihre Erziehung ein Frauenbild verinnerlicht, das nur die sanften, ausgleichenden Seiten ihres Wesens zuließ. Dabei war sie, wie sich später herausstellte, eine durchaus auch aggressive Frau im guten, ursprünglichen Sinn: zupackend, fähig, Herausforderungen anzunehmen.[34] Das aber war ihr bis jetzt durch ihre Erziehung nicht erlaubt. So hatte sie ihre aggressiven Anteile verdrängt und nur die sanften Seiten ihres Wesens ausgebildet.

Wie aber lebt ein Mensch seine Aggressivität, wenn er sie nicht leben darf? Der Trick ist einfach und oft erprobt: Man sucht sich einen Partner, der genau diese Seiten repräsentiert. Was man selbst nicht darf, das kann man nun am anderen bewun-

---

34 Aggressivität klingt in unserer Sprache oft negativ. Ursprünglich meint sie die positive Kraft, mit der man auf eine Herausforderung mutig zugeht, um sie nun auch konstruktiv zu lösen.

dern.[35] Und so war es bei diesen beiden Menschen geschehen. Offensichtlich zunächst zur Zufriedenheit von beiden. Sie fand einen „wunderbar aggressiven" Mann. Er fand eine ebenso „wunderbar sanfte" Frau. Das Glück schien für beide vollkommen.

Solch eine Beziehung kann jedoch langfristig nicht gut gehen. Anteile, die zur eigenen Persönlichkeit gehören, kann man nicht auf Dauer an einen anderen Menschen delegieren. Wer das tut, der wird krank. Eigene Persönlichkeitsanteile müssen auf dem Weg einer längeren Entwicklung selbst gelebt und in die eigene Persönlichkeit integriert werden.

Was also war da zwischen diesen beiden Menschen geschehen? Die Frau war tagsüber die „sanfte" Mutter der Kinder. Die angestaute Aggressivität aber lag in der Luft. Der durchaus sensible Mann spürte das natürlich sofort, wenn er abends nach Hause kam. Die Spannung entlud sich dann wie ein Gewitter in der Art, wie der Vater die Kinder anfuhr. Er meinte, damit seine Frau zu schützen und sie vor den Kindern zu verteidigen. Das ganze entwickelte sich wie eine Spirale. Die Frau wurde noch sanfter, der Mann noch heftiger. Beide ahnten nicht, welch grausames Spiel da von und letztlich mit ihnen gespielt wurde.

Die sorgsame Begleitung durch den erfahrenen Seelsorger half den beiden Menschen, diese Delegationsspirale zu durchschauen und langsam aus ihr auszusteigen. Es ging nicht ohne Rückschläge und vor allem nicht ohne Ängste und große Unsicherheiten. Die Frau musste lernen, die Delegation ihrer eigenen Aggressivität an ihren Mann zu erkennen und zurückzuneh-

---

35 Das Schema ist oft beobachtet und vor allem in guten Ehebüchern beschrieben worden. Man verliebt sich in einen Menschen, der genau jene Seiten lebt, die man selbst zu wenig ausgebildet hat bzw. nicht selbst leben kann. Die Prinzessin, die ihre goldene Kugel im Brunnen verloren hat und nicht selbst heraufholen kann, ist begeistert vom Frosch ... Sobald ihre Not jedoch behoben ist, wird sie seiner derart überdrüssig, dass sie ihn am Ende an die Wand wirft! Vgl. Hans Jellouschek, Der Froschkönig, Zürich 1985; auch in ders., Im Irrgarten der Liebe, Zürich 1991

men. Sie musste lernen, dafür eigene Formen des Ausdrucks zu finden und nicht mehr ihren Mann für diesen Anteil verantwortlich zu machen. Bloß einmal ein lautes Wort zu den Kindern zu sagen, das widersprach ihrem verinnerlichten Bild einer sanften Frau. Aber sie hat es gelernt.

Umgekehrt musste der Mann lernen, zwischen der eigenen Aggressivität und jener anderen zu unterscheiden, die er innerlich von seiner Frau übernahm. Es war für ihn ein langer und mühsamer Weg, der seinem bisherigen Männerbild widersprach. War er nicht dazu da, seine Frau zu schützen? Es fiel ihm außerordentlich schwer, zwischen seinen eigenen Gefühlen und denen, die er von seiner Frau übernahm, zu unterscheiden. Noch schwerer fiel es ihm, die natürlich weiterhin vorkommenden Delegationen seiner Frau klar zu benennen und zurückzuweisen. „Wenn die Kinder dir nicht folgen, dann musst du ihnen das sagen, nicht ich ..." Dazu musste er seine eigene männliche Sanftheit entdecken und entwickeln, ohne sich dabei schwach oder unmännlich zu fühlen. Es war ein langer Weg, begleitet von teilweise großen Ängsten und starken Gefühlen. Am Ende hatte jeder der Partner einen bisher unterentwickelten Teil seiner Persönlichkeit entfalten können. Beide hatten gelernt zu unterscheiden, was ihre je eigene Aufgabe war, was die des anderen.

b) Das Verhältnis zwischen Kirche und Gesellschaft

Das Beispiel aus der Seelsorge kann uns das Funktionieren jener Delegationsspirale deutlich machen, die weit über den individuellen Bereich hinaus vielfältig funktioniert. Unsere Gesellschaft lebt, sehr ähnlich wie jene Frau und ebenso auch ihr Mann, davon, dass sie nach außen eine Art Selbstbild widerspiegelt: selbstbewusst (wenn auch nicht zu sehr), jugendlich (wenn auch nicht zu sehr), wohlhabend (wenn auch nicht zu sehr), gut gekleidet (aber nicht zu sehr), mit einigermaßen ungebrochener Zukunftshoffnung usw. Wer in dieses Selbstbild der Gesellschaft nicht passt, der scheint in ihr nicht vorzukommen. Um die Probe zu machen, muss man nur einmal eine Zeitlang vor einem der großen Warenhäuser stehen und sich die Menschen ansehen, die da ein- und ausgehen. Wer dem Selbstbild der Gesellschaft nicht entspricht, der taucht in diesem Umfeld kaum mehr auf.

Wo aber sind sie, die anderen, die diesem Bild nicht entsprechen? Die Kranken sind im Krankenhaus, die alten Menschen in ihren Wohnsiedlungen und Altenheimen, die psychisch Kranken in der Klinik, die Drogensüchtigen in ihren „Reservaten", die Obdachlosen in den Refugien, die sie sich gesucht haben. Wir könnten weiter aufzählen. Es ist erstaunlich, wie unsere Gesellschaft es faktisch schafft, ihre Randsiedler so aus dem Blickpunkt der öffentlichen Aufmerksamkeit zu entfernen, dass man sie normalerweise nicht mehr zur Kenntnis nehmen muss.[36] Wird uns das mit der zunehmenden Zahl der Arbeitslosen ebenso gelingen?

Die Illusion jenes gesunden Selbstbildes gelingt nur, wenn die als krank empfundenen Anteile aus dem Zentrum weg an den Rand der Aufmerksamkeit wie der gesellschaftlichen Öffentlichkeit geschoben und dort an andere Träger delegiert werden können. Wie im Beispiel des Ehepaares funktionieren solche Delegationen nur dann, wenn es Gruppen gibt, die bereit sind, diese kranken Teile zu betreuen und zur Zufriedenheit der Gesellschaft gleichsam zum öffentlichen Verschwinden zu bringen. Die Kirchen gehören zu den Gruppen, die sich dafür aus ihrer Geschichte und ihrem Selbstverständnis heraus geradezu anbieten: Betreuung der Armen, der Einsamen, der Randsiedler. Sollte das nicht dem Auftrag Jesu, dem Gebot der Nächstenliebe entsprechen?

36 Es ist anzuerkennen, dass die meisten Verantwortlichen und auch viele Medienschaffende längst enorme Anstrengungen für die Integration der Randgruppen in die Gesellschaft unternehmen. Skizziert wird hier jedoch das Selbstbild der Gesellschaft, wie es vor allem durch die Werbung immer noch verstärkt wird: jung, gesund, wohlhabend, erfolgreich, weltreisend, mediengewandt usw.

Öffentliche Meinungsbefragungen über den Auftrag der Kirche in unserer Gesellschaft weisen hartnäckig in dieselbe Richtung: „Eindeutige Erwartungen an die Kirchen sind Verkündigung und Seelsorge an Einsamen und Kranken."[37] Die Tendenz ist damit gezeigt: Einsame und Kranke, das sind jene Randsiedler unserer Gesellschaft, die das Selbstbild der Gesellschaft empfindlich stören. Die Kirchen gehören, wenn auch längst nicht mehr konkurrenzlos, zu jenen Gruppen, die diese „Delegation" übernehmen. Sie werden für zuständig erklärt, den unliebsamen Rest, der das gesunde Selbstbild stört, aus dem öffentlichen Bewusstsein wegzuräumen. Solange die Kirchen ihren Auftrag zur Zufriedenheit der Gesellschaft erledigen, können sie sich des gesellschaftlichen Wohlwollens und der finanziellen Unterstützung durchaus gewiss sein.[38]

Das Dilemma ist damit vorgezeichnet. Je mehr die Kirchen den diakonischen Dienst an den Ausgestoßenen der Gesellschaft tun, ja, ihn hoffentlich mit viel Liebe und immer neuer Phantasie tun werden, desto mehr geraten sie in Gefahr, das gesellschaftliche System der Delegation zu bestätigen, zu verfestigen. Aber auch in gesellschaftspolitischen Fragen gilt dasselbe wie in jener erwähnten Paarbeziehung: Wer einer Gesellschaft dazu hilft, ihre eigenen Schattenseiten erfolgreich zu verdrängen, der tut ihr nur scheinbar wohl. In Wahrheit verlängert und vertieft er jedoch ihre Krankheit.

Was wäre zu tun? Der Dienst der Liebe wird von der Kirche nicht nur erwartet. Er gehört von ihrer Sendung her zutiefst zu

37 Eigenartig, wie zäh sich eine solche Identitätszuweisung auch innerhalb der Kirche hält. Dabei sollte doch auffallen, dass sie nicht aus der Mitte der Kirche, sondern aus gesellschaftlichen Erwartungen heraus formuliert ist. Doch auch in kirchlichen Verlautbarungen klingen zunehmend dieselben Töne. Verkündigung und Seelsorge seien das „Kerngeschäft", auf das sich die Kirche zurück zu besinnen habe. Unter Kirche werden dann unverfroren vor allem die hauptamtlichen Mitarbeiter verstanden: unreflektiert, aber propagandistisch allemal erfolgreich.
38 Es ist darum auch keineswegs erstaunlich, dass die Kirchen immer wieder ausrechnen, wie hoch ihr Einsatz für die Gesellschaft im sozialen Bereich ist. Bedenklich wird diese Tendenz, wenn die Frage der öffentlichen Akzeptanz zum geheimen oder gar offenen Kriterium kirchlichen Handelns wird.

ihrer Existenz. Wie aber kann dieser Dienst an den Armen und Ausgestoßenen unserer Gesellschaft so geschehen, dass es sich dabei nicht mehr um die Übernahme einer Delegation handelt? Wie kann und muss Kirche dazu beitragen, dass die Fragen nach Armut, Obdachlosigkeit, Verwahrlosung usw. von der Öffentlichkeit als gesellschaftliche Probleme anerkannt werden, die sich nur durch die Veränderung des gesellschaftlichen Bewusstseins und persönlichen Einsatz lösen lassen – und nicht durch „Delegationen"?

c) Die Delegationsspirale im kirchlichen Leben

Es gehört zum Geheimnis der so genannten „Delegationsspirale", dass sie grundsätzlich in allen menschlichen und gesellschaftlichen Beziehungen auftauchen kann. Das gilt selbstverständlich auch für den kirchlichen Bereich. Eine der ersten Begegnungen in meiner Gemeinde hatte ich auf der Straße mit einer älteren Frau. Sie begrüßte mich herzlich mit dem Satz: „Es ist schön, dass nun wieder Licht im Pfarrhaus brennt." Ich wollte wissen, warum denn das für sie so schön sei. Die Antwort kam spontan: „Wir wissen jetzt, dass im Dorf wieder gebetet wird." Der Satz hat mich lange beschäftigt. Sollte es sich auch da um Delegation handeln? Stellt man einen hauptamtlichen Mitarbeiter ein, der nun dafür sorgt, dass die Gemeindeglieder in ihrem religiösen Bedürfnis, also im Gebet für das Dorf vertreten werden?

In einem Kreis von Pfarrkolleginnen und -kollegen haben wir einmal ausführlich über all jene Erwartungen gesprochen, die Gemeindeglieder an die hauptamtlichen Mitarbeiter herantragen. Wer selbst in der Praxis gestanden hat oder noch steht, weiß, welche Quelle schlechten Gewissens hier auf einen wartet. Wer hätte je seine Arbeit ganz gemacht? In jenem Kreis versuchten wir, uns genauer darüber klar zu werden, was da so vielfältig von uns erwartet wird. Zunächst sammelten wir konkrete Erlebnisse. Vor allem jene, bei denen wir nachträglich noch lange an schlechtem Gewissen litten. Danach versuchten wir, diese Erlebnisse auch zu ordnen.

Dabei ergaben sich drei klar akzentuierte Themenbereiche, die uns staunen ließen. Einmal die Erwartung einer überzeugenden und irgendwie spürbaren glaubenden, geistlichen Existenz. Es soll spürbar sein, dass einem im Pfarrer, in der Pfarrerin ein Mensch begegnet, der selbst betet und selbst glaubt, was er sagt.

Dazu tritt die Erwartung, dass er bzw. sie den Glauben vielfältig und überzeugend weitergeben kann: in Verkündigung, Seelsorge, Unterricht usw., dazu entsprechend den verschiedenen Altersgruppen und auch entsprechend den verschiedenen Bildungsschichten: intellektuell brillant für die Gebildeten und gleichzeitig einfach genug für Menschen mit einem engen Horizont; tröstend und aufrichtend für die Leidenden und gleichzeitig peppig unterhaltend für die Jugend ...

Endlich, und wie könnte es anders sein, soll die Frau Pfarrer, soll der Herr Pfarrer viele Hausbesuche machen, d.h. für die Armen, Kranken, Alten und Einsamen da sein und ihnen beistehen.

Das klingt zunächst banal. Weitergeholfen hat uns jedoch die Beobachtung, dass es bei diesen drei Erwartungsfeldern überhaupt nicht um spezifische Aufgaben eines hauptamtlichen Mitarbeiters geht. Es handelt sich dabei um Grundfunktionen des Christseins überhaupt: Frömmigkeit, Zeugnis und Dienst der Liebe: Es gibt kein Christsein ohne persönlich gelebte Spiritualität; es gibt kein Christsein, ohne dass auf irgendeine Weise das Zeugnis Jesu weitergegeben wird; es gibt endlich kein Christsein, ohne dass im persönlichen Leben etwas von der Liebe Gottes weitergegeben wird.

Das Ergebnis hat uns zuerst nachdenklich und dann betroffen gemacht. Wurden aus Gebet und Bibellese, wurde aus dem Zeugnis für den Gekreuzigten und Auferstandenen, wurden aus dem Dienst der Liebe pfarramtliche Tätigkeiten – finanziert durch Kirchensteuer und Pfarrergehalt? Anders: Wurden aus den normalen, den alltäglichen Vollzügen christlichen

Glaubens insgeheim berufliche Erwartungen an den so genannten „geistlichen" Stand der hauptamtlichen Mitarbeiter? Sollte sich also auch hier die Delegationsspirale auswirken? Sollte es wahr sein, dass durch das Mittel der Finanzen (von Kirchensteuer zu Pfarrhaus und Pfarrbesoldung usw.) die grundlegenden christlichen Lebensäußerungen den angestellten Mitarbeitern zugeschoben werden, die sie nun anstelle der Gemeindeglieder zu leben, ja professionell und eindrücklich auszuführen haben? Wäre damit wenigstens ein Teil der oft genug unglaublichen Erwartungshaltung erklärt, die sich auf so viele der Mitarbeiter legt? Wäre damit umgekehrt auch das oft merkwürdige Selbstbewusstsein von Kolleginnen und Kollegen erklärt, die geradezu von ihren Aufgaben leben und sie kaum mit Gemeindegliedern teilen können?

Die Auflösung der falschen Delegationen innerhalb der Kirche gehört zu den zentralen Anliegen des Gemeindebaus der Zukunft. Den Gemeindegliedern müssen die Grundaufgaben gemeindlicher Arbeit zurückgegeben werden. Die hauptamtlich Mitarbeitenden haben die Aufgabe, die Gemeindeglieder dazu zu ermutigen, sie dabei anzuleiten.

Für die praktische Gemeindearbeit wage ich darum einmal mehr als Spitzensatz, der im Detail bedacht und differenziert werden muss, der aber in die von mir gesehene Richtung weist: Was in der Kirche nicht durch die Gemeindeglieder geschieht, das geschieht in Wirklichkeit nicht.

Es gibt äußere Kennzeichen von Aktivitäten in unseren Kirchen, die lediglich die Finanzkraft unserer Gemeinden, nicht aber ihre Lebendigkeit widerspiegeln. Finanzierte Lebendigkeit? Das Gemeindeverständnis, das hinter dieser Anfrage steht, ist deutlich. Es wird später noch weiter entfaltet. Es widerspricht der Auffassung, dass Kirche in ihrem praktischen Leben vom Amt der angestellten Mitarbeiter her zu definieren ist. Das bedeutet keineswegs, dass es dieses Amt nun nicht mehr gibt. Es lässt aber neu fragen, wozu dieses Amt denn da ist.

Dazu eine Erfahrung, die mir tief sitzt. An einem Wochenende mit ehrenamtlichen Mitarbeitern einer mittelgroßen

Kirchgemeinde sprechen wir ausführlich über die Frage, wer eigentlich für den Gemeindebau zuständig sei: die Gemeindeglieder oder die so genannten Amtsträger. Beim Abschlussgespräch meldet sich eine ältere Dame. Vor mehr als vierzig Jahren hätte sie begonnen, in der Kirche mitzuarbeiten. Der sympathische junge Pfarrer habe ihr damals in der Fülle seiner Aufgaben so leid getan. So habe sie beschlossen, ihm bei seinen Aufgaben zu helfen. An diesem Wochenende habe sie jedoch endlich begriffen, dass sie all diese Jahre von falschen Voraussetzungen ausgegangen sei. Die Aufgaben der Gemeinde seien ja ihre eigenen Aufgaben. Nicht sie hätte dem Pfarrer bei dessen Aufgaben helfen sollen. Genau umgekehrt: Er hätte ihr bei ihren eigenen Aufgaben helfen müssen.

Schärfer kann man den Umkehrungsprozess im Denken über die Aufgaben in der Gemeinde, ja, über die Aufgaben der Mitarbeiter der Gemeinde gar nicht mehr formulieren. Der hauptamtliche Mitarbeiter ist hier als das erkannt, was er zu sein hat: als Helfer zur Selbständigkeit der Gemeindeglieder. Der aber steht im Gegensatz zu jenem angestellten Vertreter, der diese Aufgaben anstelle der Gemeindeglieder erledigt.

d) Nochmals zum Phänomen der „Delegations-Spirale"

Das Bild der Delegationsspirale ist ein Denkmodell. Es kann uns helfen, charakteristische Vorgänge in der Kirche besser zu verstehen. Nochmals: Mit Delegation ist jener Vorgang gemeint, bei dem Menschen oder Gruppen eigene Aufgaben und Lebensäußerungen von jemand anderem leben und erledigen lassen. Wir denken an das Ehepaar zurück. Auch in der Kirche lässt sich dieses Phänomen vielfach entdecken. Die Weitergabe des Glaubenswissens war ursprünglich die Aufgabe des Vaters, der Eltern, der Großeltern oder einer Tante. Sie wiesen die Kinder in die Ausdrucksformen des Glaubens ein, lehrten sie beten, erzählten die Grundgeschichten der Bibel. Wer gibt den

Kindern heute noch Glaubenstradition weiter? „Frage den Herrn Pfarrer, der hat das ja studiert." Dahinter stehen vielerlei Umschichtungen in unserer Gesellschaft, Veränderungen in den Familien, Wegfall von Traditionen und damit eine zunehmende Unsicherheit der Menschen, die durchaus glauben wollen. Was früher die Familie leisten konnte, das wird nun von den Mitarbeitenden der Kirchen erwartet. Und es ist deutlich genug, dass sie das nicht leisten können. Weitergabe von Tradition bedeutet Einweisung in eine gelebte Praxis, die das ganze Leben umfasst und prägt. Was aber, wenn es solche gelebte Praxis in den Familien gar nicht mehr gibt? Der bezahlte Dienst des gemeindlichen Mitarbeiters kann das überhaupt nicht ersetzen. Was aber geschieht mit jungen Menschen, denen im Unterricht Glaubenswissen vermittelt werden soll? Wo ist die Gemeinschaft innerhalb der Kirche, die junge Menschen in eine genuin gelebte religiöse Praxis hineinnimmt? Tradition ist Weitergabe von Praxis, indem man in lebendige Vollzüge des Glaubens hineingenommen wird.

Der „Spiralcharakter" des Phänomens zeigt sich darin, dass sich solche Muster ständig verstärken und vertiefen und damit über lange Zeit augenscheinlich auch bestätigen. Alle Beteiligten profitieren auf geheimnisvolle Weise davon. Wer Anteile, die er sich nicht eingestehen kann, an andere delegiert, ist seltsam entlastet. Wer diese Delegation übernimmt, wird in gewisser Weise unentbehrlich und damit in seinem Wert gesteigert. Gerade weil diese Spirale so lange und so gut funktioniert, scheint sie auch zu stimmen. In der Regel sind auch materielle Delegationsmittel damit verbunden, die das System noch zusätzlich verstärken: Kirchensteuern, Lohnzahlungen usw. Dazu kommt, dass solche Delegationen, die über Jahre aufgebaut sind, irgendwie selbstverständlich scheinen. Eine andere Lösung scheint kaum möglich zu sein. Jeder der Beteiligten hat, auch wenn es ihm schon lange nicht mehr wohl dabei ist, einen großen Teil seines Selbstverständnisses auf dieser Rollenverteilung aufgebaut. Sonst hätte er sie nicht übernommen, wäre in dieses Spiel also gar nicht eingestiegen.

Der Vorgang, der hier gemeint ist, kann an einem Beispiel einsichtig werden. Eine Familie hat einen Haushalter angestellt, der für Hausarbeiten, Kochen usw. zuständig ist. Dafür gibt man, solange man es hat, gerne sein Geld aus. Alles sind zufrieden. Der Haushalter hat sein gutes Einkommen dabei. Nehmen wir an, er mache seine Sache sogar sehr gut. Dann wird er bald für die Familie sehr wichtig, ja unersetzbar. Man kann sich gar nicht mehr vorstellen, wie es war, als seine Aufgaben noch unter die Familienmitglieder aufgeteilt waren. Das System befriedigt alle. Warum also sollte es falsch sein? Nun stelle man sich vor, der Haushalter beschließe, seine Aufgabe grundlegend anders zu verstehen. Er wolle von jetzt ab die Arbeit nicht mehr selbst tun. Er wolle aber den Familienmitgliedern zeigen, wie jeder von ihnen seinen Beitrag zum Haushalt besser und effektiver leisten könne. Statt Essen gibt es einen Kochkurs; statt Waschen und Bügeln gibt es Anleitungen zum Bedienen der Waschmaschine und Hilfestellungen beim Bügeln ... Die Familie steht Kopf. Ist der Haushalter bloß überlastet? Ein wenig kann man ihm ja vielleicht da und dort abnehmen. Vielleicht hat man ihm wirklich zu viel aufgeladen, so dass nun Mithilfe gefragt ist. Aber: Wofür zahlt man ihn eigentlich, wenn man die Arbeit am Ende doch selbst zu erledigen hat? Jetzt verdient er so viel und will doch seine Arbeit auf uns alle abwälzen. Dann könnte man ihn doch auch gleich entlassen.[39]

Wer daran geht, Delegationen aufzulösen, stößt auf vielfältige Schwierigkeiten, zunächst auf großes Unverständnis, ja, vor allem auf tief sitzende Ängste. In der praktischen Arbeit unserer Kirchgemeinden treffen wir einerseits auf heftigen Widerstand von Gemeindegliedern, die sich für solche Arbeiten für unfähig halten. Sie sehen oft auch gar nicht ein, warum „der Herr Pfarrer" das alles nicht mehr selbst tun will. Wofür hat man ihn eigentlich angestellt?

---

39 Wie viele Beispiele hinkt auch dieser Vergleich. Es geht dabei weniger um Delegation als um Arbeitsteilung. Der Vorgang jedoch ist derselbe und soll daran bewusst gemacht werden.

Verstärkt wird das Unverständnis durch die lange Geschichte unserer Kirche. Es war doch immer so, oder nicht? Beeindruckende Geschichten werden einem jeweils erzählt, wie vor vielen Jahrzehnten der alte Herr Pfarrer mit dem Fahrrad gefahren und jedes – wirklich: jedes – Gemeindeglied besucht habe ... Ja, es gab und gibt beeindruckende Gestalten, die diesen alten Bildern entsprochen haben. Die Bilder werden dadurch nicht wahrer.

Mindestens so stark wie die Bedenken der Gemeindeglieder ist jedoch der Widerstand der hauptamtlichen Mitarbeiter, die den Übergriff in ihre bisherige Domäne fürchten und sich angstvoll dagegen wehren. Ebenso stark können die Bedenken der örtlichen Kirchenleitungen sein, die ein solch verändertes Bild der Gemeindearbeit nach außen verantworten und nach innen stützen sollen.

Diese Ängste sind keinesfalls zu unterschätzen. Es braucht viel Zeit und einen langen gemeinsamen Weg, jahrzehnte-, ja, jahrhundertelanges Verhalten umzukehren. Mein Rat lautet: Solch ein Weg ist, wenn immer möglich, von einigen Gemeinden gemeinsam zu gehen, und zwar zunächst in einem engeren Kreis der haupt- und nebenamtlichen Mitarbeiter und der örtlichen Kirchenleitungen. In vielen Gesprächen sind die damit verbundenen Fragen gemeinsam zu durchdenken, ist nach den Konsequenzen zu fragen. Und dann ist die Frage zu stellen, in welchen und vielleicht sehr kleinen Bereichen gemeindlicher Arbeit die bestehenden Delegationen zurückgenommen werden können. Das kann der Haus- oder Krankenhaus-Besuchsdienst sein, das können Teile des Religions- bzw. Konfirmandenunterrichts werden usw. Wichtig ist gar nicht so sehr die Frage, um welche Aufgaben es sich hier handelt. Entscheidend dagegen ist, dass unter allen Beteiligten das Bewusstsein dafür wächst, dass es hier gerade nicht um „pfarramtliche" Aufgaben geht, sondern um die Aufgaben der „Gemeinde", d.h. ihrer jeweiligen Glieder. Wichtig ist nicht, dass der hauptamtliche Mitarbeiter in seinen Aufgaben entlastet wird, sondern dass er als hauptamtlicher Mitarbeiter den Gemeindegliedern dazu verhilft, ihre eigenen Aufgaben anzupacken und auszuführen. Die biblische und theologische Grundauffassung, dass „Gemeindebau" Aufgabe der Gemeindeglieder ist und nicht die der angestellten Mitarbeiter, muss unter uns Raum gewinnen.

e) Delegationen, Arbeitsteilung und Stellvertretungen

Das Bild der Delegationsspirale hat wie jedes Modell seine Grenzen. Um krankmachende Delegationen handelt es sich dort, wo eigene Aufgaben, die selbst gelebt und selbst getan werden müssen, an andere delegiert und in der Folge nicht mehr als eigene Aufgaben erkannt werden. Am Beispiel des Ehepaares, aber auch am Beispiel vom Verhältnis Kirche und Gesellschaft sollte das deutlich werden. Dasselbe gilt auch für das Verhalten in der Kirche selbst.

Zu unterscheiden ist jedoch solche krankmachende Delegation von einer sinnvollen Arbeitsteilung, ohne die unser Zusammenleben überhaupt nicht möglich wäre. Es würde keinen Sinn machen, wenn jeder von uns seine Schuhe selbst herstellt oder seinen Müll selbst entsorgt. In den Grundaufgaben des Glaubens aber kann ich mich nicht durch die Zahlung von Kirchensteuern von anderen vertreten lassen.

Gerade auf der Ebene praktischer Gemeindearbeit sind Delegationen jedoch auch zu unterscheiden von notwendigen „Stellvertretungen". Es gibt in unseren Gemeinden Menschen, die nicht, noch nicht oder nicht mehr beten können. Vielleicht gehören wir selbst oft genug zu ihnen. Und dann bin ich froh, wenn andere mich zeitweise darin gleichsam vertreten. Sie beten für mich. Sie glauben für mich. Sie hoffen für mich. Das Kennzeichen solcher „Stellvertretungen" ist, dass ihr zeitweiliger Charakter genauso deutlich bleibt wie das Wissen, dass es sich tatsächlich um Aufgaben eines anderen Menschen handelt, die hier zeitweilig, glaubend und betend übernommen werden.

5. Die innere Dynamik der Kirche

a) Das Leitbild der Großfamilie

Mit dem Leitbild[40] der Großfamilie sind Züge menschlichen Zusammenlebens angesprochen, die grundlegend zu unserem Menschsein gehören, in unserer modernen Lebenswelt jedoch weit in den Hintergrund getreten, ja geradezu anormal geworden sind. Zwei wesentliche Elemente kennzeichnen eine Großfamilie:

In einer Großfamilie leben verschiedene Altersgruppen zusammen: vom Kleinkind bis hin zum alten Menschen. Dass ein älter werdender Mensch langsam an Kraft verliert, dass es sich dabei um einen ganz natürlichen Prozess handelt, das ist für einen jüngeren Menschen heute in der Regel nicht mehr aus unmittelbarem Erleben erfahrbar. So bilden sich falsche Ideale einer immer verfügbaren maximalen Lebenskraft heraus. Sie aber prägen unsere Gesellschaft, werden durch die Werbung propagiert und verstärkt. Natürliche Lebensprozesse wie das Älterwerden, das Abnehmen der Kräfte, endlich das Sterben selbst erscheinen als Absonderlichkeiten, die verhindert werden sollten. Dabei gehören sie zum normalen Verlauf des Lebens. Natürlich weiß das jeder von uns. Wir haben jedoch eine Kultur der Verdrängung entwickelt, in der nur das Junge, das Starke, das Jugendliche erstrebenswert scheint.

Zu den Altersgruppen treten die Lebensformen: In einer Großfamilie leben verheiratete und ledige Menschen zusammen.

---

40 Leitbilder geben im Unterschied zu Konzepten große Linien des Fragens an, aus denen heraus sich dann konkrete Konzepte ergeben können. Sie sind durch Befragung und Gespräch immer neu vertiefbar und wollen anregen zur immer neuen Übersetzung in den Alltag des Gemeindebaus bzw. der je verschiedenen Kirchen- und Gemeindesituationen. Wie alle Bilder haben auch diese Leitbilder ihre Grenzen, sind also auf wohlwollende Interpretation angewiesen.

– Die Einseitigkeit geistiger wie emotionaler Bezogenheit auf einen einzigen Menschen wird in einer Großfamilie relativiert. Jeder Mensch, ob verheiratet oder ledig, ist darauf angewiesen, im leiblichen, emotionalen und geistigen Bereich verschiedene Menschen als Gegenüber zu finden.[41] Eine Großfamilie bietet dafür viele und verschiedenartige Begegnungsmöglichkeiten sowohl für den ledigen wie den verheirateten Menschen. Gerade die Kinder sind es, die das sofort herausfinden: Sie holen sich bei dem einen Erwachsenen dies, bei dem anderen Erwachsenen das, was sie für sich wünschen und oft auch dringend benötigen. Was Kinder intuitiv wissen und verwirklichen, das ist bei Erwachsenen nicht anders: Wir haben vielfältige Bedürfnisse, die uns ein einzelner Mensch als ausschließliches Gegenüber gar nicht stillen kann, ja, es auch nicht soll. Erst in der vielfältigen Bezogenheit auf andere Menschen werden wir zu der Persönlichkeit, die wir sind, die wir sein sollen.

– Damit steht die Frage nach der zunehmenden Zahl der ledigen Menschen in unserer Gesellschaft vor uns. Wo und wie erfahren sie denn die Möglichkeit, sich geistig, emotional und auch körperlich auf andere Menschen zu beziehen, um so zur Ganzheit ihres Menschseins zu reifen? Reifungsprozesse setzen verpflichtende Beziehung und Kontinuität der Begegnung, des Gespräches, des Austausches voraus.

– Damit steht mindestens so deutlich die Frage nach den vielen allein erziehenden Müttern und Vätern in unserer Gesellschaft vor uns. In der Regel leben sie an der Grenze des Existenz-Minimums. Woher erhalten sie das geistige und emotionale Gegenüber, das gerade für ihr Leben und das der heranwachsenden Kinder so notwendig ist? Finden sie es nicht in irgendeiner festen Beziehung, besteht die Gefahr, dass das eigene Kind zum Ersatz für das fehlende Gegenüber wird. Was aber bedeutet das für diese Menschen? Was

41 Selbstverständlich gilt, dass Ehe eine exklusive Lebensgemeinschaft ist, in der Intimität nicht verletzt wird.

bedeutet es für die kommende Generation, in der etwa ein Drittel der jungen Menschen in einer solchen Allein-Erzieher-Situation aufwächst?

— Hier liegt eine dringende menschliche wie gesellschaftliche Notlage vor uns. Die Gruppe der Alleinerziehenden nimmt stetig zu. Sie gehört, sozial gesehen, zu den am stärksten benachteiligten Schichten unserer Gesellschaft. Um dem Kind tagsüber genügend Zeit zu widmen, nehmen sie oftmals Arbeiten in den Abendstunden an. Das aber wäre genau die Zeit, sich mit Freunden und Kollegen zu treffen. Viele Sozialkontakte werden zwangsläufig reduziert oder fallen damit hin. Die Konzentration auf das Kind bzw. die Kinder nimmt zu. Und das gerade darum, weil man es ja so gut machen will. Das Ideal, die eigenen Kinder nicht zu vernachlässigen, ist hoch gesteckt. Wo bleibt da die Möglichkeit, notwendige eigene Bedürfnisse nach menschlichem Kontakt und Austausch zu befriedigen, sie nicht auf das eigene Kind zu übertragen?

Wir stehen damit vor einem der schweren Probleme der sozialen, aber auch der seelischen Entwicklung eines großen Teils der heranwachsenden Generation. Wo sind die christlichen Gemeinden, die sich in überschaubare Großfamilien gliedern und sich so dieser Nöte auf natürliche Weise annehmen können?

— Die scheinbar so selbstverständliche Reduktion unseres Lebensumfeldes auf die Kleinfamilien hindert uns auch, wesentliche gesellschaftliche Aufgaben zu erkennen und anzupacken. Die Betreuung von Flüchtlingen, von Asylanten, von emotional Geschädigten sowie die Begleitung von allein erziehenden Vätern und Müttern übersteigt, auch wo der Wille zur Hilfe vorliegt, eindeutig Kräfte und Möglichkeiten einer Kleinfamilie.

— Erst dort, wo wir uns als eine Reihe von zwei oder drei Kleinfamilien und auch von Alleinstehenden zu einer größeren und verbindlicher lebenden Gemeinschaft – eben: einer neuen Art von Großfamilie – zusammenfinden, haben wir auch Kraft und Möglichkeit, solche dringenden sozialen

Dienste gemeinsam zu tun. Die Notwendigkeit solcher Dienste für unsere Gesellschaft ist mehr als evident! Darin müsste die unter uns lebende Liebe Christi zu den Menschen ja Gestalt gewinnen. Ohne Lebensgemeinschaft kann keine Liebesgemeinschaft entstehen, die die Liebe Jesu dieser Welt praktisch mitteilt![42]

Nochmals: Ich schildere hier keine Sonderformen menschlichen Zusammenlebens. Der Anspruch ist hoch. Gemeint ist der Normalfall christlichen, also gemeindlichen Lebens. Großfamilie, auch wenn sie da und dort nicht verwirklicht werden kann, gilt als Leitbild der Entwicklung.

b) Familie oder Betrieb?

Ein New Yorker Psychiater untersuchte ein Phänomen, das ihm zunächst rätselhaft schien. Zu ihm kamen vorwiegend Manager und leitende Angestellte, die ihren Betrieb bzw. ihre Abteilung ausgezeichnet zu leiten verstanden. In der Ehe und Familie aber hatten sie ungeheure Probleme und scheiterten. Was steckt dahinter?, fragte er sich. Warum kann jemand in seinem beruflichen Umfeld nachweislich gut mit Menschen umgehen, während er zu Hause versagt? Das Ergebnis seiner Untersuchung war simpel genug. Er legte es später unter dem Titel „Arbeit und Liebe" vor: Strategien der Personalführung, die sich in der Arbeit bewähren, taugen nicht in der Liebe – und umgekehrt. Es wird gut sein, dieses einfache Ergebnis in den Bemühungen um Gemeindebau grundlegend zu berücksichtigen. Wie sieht es da aus?

42 Nochmals: Es geht hier keinesfalls um eine Idealisierung der Großfamilien. Wer darin aufgewachsen ist, weiß auch viel Notvolles zu berichten. Es geht um die Großfamilie als Leitbild für den Aufbau von Gemeinden und für ihre Strukturierung in familienähnliche Gruppierungen. Aus der Praxis informieren jetzt Karl Flückiger und Thomas Widmer (Hg.), Neue Wohnprojekte braucht das Land! Wohnmodelle und Gemeinschaften mit diakonischem, pädagogischem, therapeutischem Auftrag, 3. Aufl. 2003. Erhältllich bei Schriibschtell, Dachslernstr. 67, CH 8048 Zürich bzw. <schriibschtell@christuszentrum.ch>

Das Leitbild der Großfamilie steht in deutlichem Gegensatz zu einem anderen Leitbild, das uns in der Frage des Gemeindebaus immer wieder begegnet: dem Leitbild des Betriebes. Daraus ergibt sich die Leitfrage: Bauen wir Gemeinden als Familien oder als Betriebe?

Welche Grundkennzeichen hat ein Betrieb? Ein Betrieb ist angewiesen auf Wachstum und auf Erfolg, der sich in Erfolgsrechnung und Bilanz ausweist. Wachstum und Erfolg aber sind keine Kategorien, an denen sich die Gesundheit einer Familie messen lässt.

Der Unterschied lässt sich sprachlich sofort und auch sehr klar deutlich machen.

Ein Betrieb ist auf Wachstum angelegt: Wachstum des Umsatzes, der Produktion, eventuell sogar des Personalbestandes. Das Ziel eines Betriebes lautet Erfolg, und der erweist sich nicht zuletzt im Wachstum eines Betriebes. Erfolg im betrieblichen Sinn stellt sich nicht von allein ein. Er ist Gegenstand der Planung, die sich in konkreten Konzepten niederschlägt.

Man stelle sich nun einen Mann vor, der zu Hause seiner Frau beglückt von seiner Firma erzählt: Wir wollen endlich eine erfolgreiche Firma sein. Darum haben wir Konzepte entworfen und auf konkretes Wachstum im Laufe des nächsten Jahres gesetzt. Ich glaube, wir schaffen das.

So weit, so gut. Merkwürdig wäre es jedoch, wenn der Mann fortfährt: Liebe Frau, wollen wir als Familie nicht auch versuchen, erfolgreich zu sein? Wie wäre es, wenn wir wie in der Firma ein Konzept unseres Wachstums ausarbeiten?

Die Sprache verrät, dass hier zwei unterschiedliche Paradigmen vermischt werden. Niemand wird sich daran stoßen, wenn man von einem erfolgreichen Betrieb spricht. Gibt es jedoch eine erfolgreiche Familie? Die Sprache warnt uns, dass an diesem Vergleich etwas nicht stimmen kann. Vor allem dann nicht, wenn Erfolg mit quantitativem Wachstum gekoppelt wird.

Mag sein, dass der Mann aus unserem Beispiel eine kluge Frau hat, auf die er obendrein noch hört. Das spräche sehr für ihn. Sie erklärt ihm sofort den Unterschied. In der Familie wollten und könnten sie doch nicht erfolgreich sein. Was sollte denn das heißen? Eher wollten sie doch miteinander glücklich sein und harmonisch zusammenleben. Eine gute Familie wären sie, wenn das einzelne Familienmitglied in seiner Müdigkeit und Bedürftigkeit nach Hause kommen kann, um nun in der Familie einfach zu Hause zu sein, in seinen Möglichkeiten aber auch in seinen Schwächen. Wichtig wäre, dass man sich gegenseitig begleitet und unterstützt. Wichtig wäre das Vertrauen, durch das man sich voreinander nicht ständig schützen muss.

Fantasieren wir unser Beispiel weiter. Der Mann kommt am nächsten Morgen in seine Firma, meldet sich bei seinem Chef und sagt: Herr Direktor, an unserem Konzept ist etwas falsch. Wir denken immer an Erfolg. Das aber kann es nicht sein. Was dann, fragt der Chef zurück. Wir sollten doch eher eine glückliche Firma sein. Was das heißen würde? Nun, wenn wir am Morgen in die Firma kommen und da einfach sein dürfen mit unseren Möglichkeiten, aber auch unserer Müdigkeit und Bedürftigkeit. Wie bei einer Familie: keine erfolgreiche Firma, sondern eine glückliche.

Es ist klar: Was für eine Familie Ziel ist, das richtet einen Betrieb zugrunde. Was für einen Betrieb richtig ist, das zerstört eine Familie. Wir haben es mit zwei verschiedenen Leitbildern zu tun, die sich – als Leitbilder – strikt gegenseitig ausschließen. Das war auch das Ergebnis des New Yorker Psychiaters. Wer Methoden betrieblicher Personalführung zu Hause anwenden will, zerstört damit die engsten Beziehungen, die auf Liebe aufbauen.

Damit stehen wir vor der Frage, wie wir die innere Dynamik unserer Gemeinden planen wollen: als Betriebe oder als Familien? Die Unterschiede sind grundsätzlich. Sie lassen mich fragend bleiben gegenüber so manchen Gemeindeaufbau-Konzepten, die in unseren Gemeinden „gehandelt" werden. Viele Beobachtungen und Vorschläge sind äußerst hilfreich. Das steht außer Zweifel. Aber: Stimmen die langfristigen Leitbilder? Werden hier Groß-Familien geplant, oder werden Gemeinden als Betriebe geplant, die unter den Druck des Erfolges, des Wachstums geraten? Hier liegen die grundsätzlichen Unterschiede, die theologisch und dann auch praktisch reflektiert werden müssen.

Wird Gemeindebau unter dem Aspekt eines Betriebes gedacht, dann werden uns Kategorien des Erfolges, der Dynamik, des Wachstums bestimmen. Können das leitende Kriterien des Gemeindebaus sein? Die schwachen und geschädigten Menschen, die Blinden, die Stummen und Lahmen des Evangeliums also gehören zu den Menschen, die da wieder einmal als Mitarbeiter nicht mithalten können. Wie in unserer Gesellschaft fallen sie nun auch in der Gemeinde aus den Rängen der Produktiven. Kann, ja darf das Sinn des Gemeindebaus sein? Die Schwachen werden dann innerhalb unserer Gemeinden bestenfalls zu jenen Betreuungsfällen, durch die die aktiven Gemeindeglieder ihr Selbstbewusstsein aufbauen, ja, an denen sie nun ihren Erfolg messen. Betrieb oder Großfamilie, das wird gerade angesichts der Schwachen und Geschädigten unserer Gesellschaft zur entscheidenden Frage an unser Leitbild des Gemeindebaus. Sind sie Familienmitglieder? Oder werden sie zu Betreuungsfällen?[43]

c) Die Rolle der zentralen Leitungsperson

Die Art, wie manche Kolleginnen und Kollegen, vor allem aber viele Gemeindeglieder die Aufgabe des traditionellen Pfarram-

---

43 In betriebswirtschaftlicher Sicht ist sowohl eine Landeskirche wie eine einzelne Gemeinde eine Non-Profit-Organisation. Die Einsicht, dass auch eine NPO Management benötigt, setzt sich langsam und hilfreich auch in den Kirchen durch. Hier ist von den Erkenntnissen im Blick auf Management in NPOs (vor allem: Mitarbeiterbetreuung, Motivation, Kommunikationsstrukturen) unbedingt zu lernen. Verhängnisvoll wäre jedoch, wenn die Pfarrerin bzw. der Pfarrer neben den übrigen Aufgaben auch noch die Aufgabe des Managements übernehmen würde oder müsste. Das Leitbild der Großfamilie richtet sich also nicht gegen die Notwendigkeit von Management (auch eine Großfamilie bedarf des Managements), sondern ausdrücklich nur gegen die Verwechslung von Großfamilie und Betrieb.

tes interpretieren, lässt sich am ehesten mit einer Familie mit einer über die Maßen aktiven „Familien-Zentralperson"[44] vergleichen, die ihre Familie mit allem versorgt und in jeder Hinsicht umfassend betreut: Am Morgen liegen alle Kleider bereit, das Essen steht für jeden pünktlich zur Verfügung, die Abend- und Sonntagsvergnügungen sind abwechslungsreich organisiert, kein Geburtstag oder Jubiläum wird vergessen. Und für jede bzw. jeden hat sie Zeit und ein offenes Ohr, eine helfende Hand.

Wen wundert es, wenn sich daraus bei den Familienmitgliedern die Erwartungshaltung einstellt: Was hat diese zentrale Familienperson wohl nun wieder zur Betreuung und auch zur Unterhaltung der Familie organisiert? Was eigentlich großartig gemeint und gemacht ist, wird bald normal. Hat man nicht ein Recht darauf, dass man so versorgt wird? Ab und zu dankt man noch. Häufiger aber kommt Kritik hoch, wenn der Service einmal nicht so ganz klappt, das Essen nicht so gut schmeckt und die Unterhaltung nicht so besonders originell ist, ja, gar irgendeine Erwartung nicht bemerkt und erfüllt wird.

Die Frage muss aufkommen: Handelt es sich dabei wirklich noch um eine lebendige Familie? Ist die äußere Lebendigkeit nicht bloß ein Schein, der durch die Überaktivität jener Zentralfigur getragen, von den Familienmitgliedern halb genossen und halb ertragen wird? Eine Familie, die durch die Aktivität einer zentralen Person zusammengehalten wird, von der man nun auch alle Impulse, alle Lebendigkeit, alle Versorgung erwartet, ist schwer krank.

Einer solchen kranken Familie müsste man als therapeutische Radikalkur wünschen, dass jene über die Maßen aktive Zentralperson so krank wird, dass sie ihre Aktivitäten schleunigst aufgeben muss. Dann würde sich herausstellen, ob diese Menschen als Familie überhaupt noch zusammenbleiben wollen.

---

44 Es tut mir leid, dass ich dafür eine Frau als Vergleichsmaßstab nehmen muss. In der kirchlichen Realität sind es ja in der Regel Männer, die diese Rolle einnehmen. Leider weiß ich keinen besseren Vergleich. Die Schwierigkeit ist mir jedoch bewusst.

Der Schritt zur Auflösung der Familie könnte ein Schritt zur Wahrheit sein. Es wird aber wohl eher so sein, dass unerhörte Lebenskräfte der einzelnen Familienmitglieder auftauchen und sich entfalten. Ich bleibe beim Bild: Die Tochter wird zum Mittagessen vielleicht Spaghetti kochen, der Sohn den Fahrplan und das Internet für den nächsten Ausflug studieren. Nichts wird so perfekt sein wie zu Zeiten von ... Aber alles wird den Charakter einer neuen Lebendigkeit an sich tragen. Wie wünschten wir uns in unseren Kirchgemeinden mehr „Spaghetti" am Sonntag statt des herkömmlichen, perfekten Sechs-Gänge-Menüs!

Nun ist es sicher so, dass jene über die Maßen aktive Zentralperson nach einiger Zeit wieder gesund werden und zurückkommen sollte. Aber bitte nicht mehr so wie früher! Statt durch die eigene Aktivität die anderen Mitglieder gleichsam zu vertreten und ständig zu überflügeln, hätte sie die eigenen Fähigkeiten nun an die anderen Familienmitglieder weiterzugeben. Aus dem Stellvertreter der Selbständigkeit muss der Helfer zur Selbständigkeit werden.

Fügen wir noch einige Beobachtungen hinzu. Die meisten Kolleginnen und Kollegen im Pfarramt bestätigen das Bild. Im traditionellen Gottesdienst wartet eine Familie, welch raffiniertes „Sechs-Gänge-Menü" der Pastor vorbereitet hat. Wir haben unsere Gemeinden zu Feinschmeckern erzogen, die zurückgelehnt auf Essen und Nachtisch warten. Umgekehrt aber findet das Bild auch bei Gemeindegliedern Verständnis: Die Zentralperson in der Gemeinde kann alles derart gut und will nichts aus der Hand geben. Als Gemeindeglied wage ich es doch gar nicht, ihr ins Handwerk zu pfuschen. Ich könnte das ja auch nie so gut ...

Wir stehen vor der dringenden Aufgabe, über die wir schon gesprochen haben: der Auflösung der Delegationsspirale. Anders: Aus der betreuten Gemeinde muss unbedingt die beteiligte Gemeinde werden. Aus passiven Empfängern sollen jetzt keine kleinen Helfer des weiterhin aktiven Mittelpunktes werden. Gerade das nicht. Die Gemeindeglieder selbst müssen zu

Trägern der Aktivitäten der Gemeinde werden. Die hauptamtlichen Mitarbeiter stehen ihnen mit ihren Fähigkeiten helfend und ratend zur Seite.

d) Notwendige Entdeckung von Kompetenzen

Angesichts der radikal veränderten Bedingtheiten unserer Gesellschaft sollte hier unsere Fantasie und unser Fragen ansetzen. In unseren Gemeinden gibt es in der Regel unzählige Menschen mit Lebens-Kompetenzen,[45] die zu entdecken und für den Dienst an anderen Menschen einzusetzen sind.

In eine Gemeinde kommt ein junger Pfarrer, der mit seiner Ausbildung noch nicht fertig ist. Gerade im ersten Jahr sterben unzählige Menschen, teilweise unter tragischen Umständen. Wie soll er bloß die Trauernden begleiten? Hinzu kommt, dass er selbst in seinem Leben noch nie wirklich zu trauern hatte. Wie soll er die Menschen auf Wegen begleiten, die er selbst noch nie gegangen ist? Er findet einige Witwen, deren Trauerprozess schon einige Jahre zuvor begonnen hat. Die Bitte um Mithilfe stößt zunächst auf Skepsis. Er als Pfarrer könne das doch viel besser. Aber bald willigen sie ein. Zunächst aber packen sie aus, erzählen von eigenen schmerzhaften Erfahrungen mit ungeschickten Äußerungen, falschen Ratschlägen gerade in der ersten Zeit der Trauer, von manch ungesagten Worten und peinlichen Begegnungen. Bisher unverarbeitete Erfahrungen kommen auf den Tisch und Einsamkeit wird durchbrochen. Theologische Fragen nach dem Verbleib der Toten warten schon lange auf Antworten, die in längeren Gesprächen ihren Raum finden. Langsam machen sich die Witwen dann auf den Weg zu denen, die jetzt von Trauer betroffen sind. Dabei treffen sie sich immer wieder auch zum Gespräch mit dem Pfarrer. Fragen aus der eigenen Verarbeitung sind bei ihnen noch offen.

---

45 Anstelle der oft zitierten „Gabenorientierung" ist sachgemäßer vom Entdecken von Lebens-Kompetenzen zu sprechen.

Manche Rätsel sind unbeantwortet und fordern vom Theologen die gründliche Antwort. Die gibt er ihnen, so gut er kann. Aber die Begleitung der Trauernden selbst übernimmt nun diese Frauengruppe. Sie haben entdeckt, dass sie durch ihre eigene Trauer eine Kompetenz erworben haben, die der junge Pfarrer noch gar nicht haben kann und auch nicht haben muss. Solche Lebens-Kompetenz aber ist für die Begleitung trauernder Menschen unbedingt gefordert.

Die Erfahrung mit der Trauerbegleitungsgruppe ist ein Modell, das sich für noch ganz andere Dienstfelder gemeindlicher Praxis eignet. Zwei davon seien als Anregung zum eigenen Weiterdenken skizziert.

Da sind einmal die Krankenbesuche. Natürlich fühlt sich jeder geehrt, wenn die Frau Pfarrer, wenn der Herr Pfarrer persönlich hereinschaut. So manches klingt am Krankenbett an, das sonst nicht ausgesprochen werden kann. Dennoch: Nicht jeder Pfarrer, jede Pfarrerin lag schon einmal schwer krank in einer Klinik. Wer hat schon die Erfahrung eines Herzinfarkt-Patienten auf der Intensivstation selbst gemacht? Und wer lag selbst schon als Krebspatient am Abend vor der Operation, vor der Einfahrt in die große Röhre zur Bestrahlungstherapie? In der Gemeinde jedoch, da leben Menschen, die durch diese Erfahrung gegangen sind. Sie waren schon an diesem Ort. Manch einer hat seine Erfahrungen glaubend bewältigt und ist daran reif geworden. Das sind ungeheure Kompetenzen. Sie gilt es zu entdecken. Sicher braucht es dazu auch Vorbereitung. Wie bei Trauernden sind in der Regel auch in solchen Krankheitszeiten viele Fragen aufgebrochen, manche von ihnen auch offen geblieben. Hinzu kommen Zweifel und Ängste. Das gerade aber wäre lohnend, wenn sie in einem Kreis zusammen mit einem verstehenden Theologen und anderen Fachleuten einmal besprochen und geklärt werden könnten. Was hätte ich mir damals in meinem Bett, damals vor meiner Einfahrt in die Röhre, vor dem Beginn der Chemotherapie an Begleitung gewünscht: ein gutes, verstehendes Wort, ein starkes Schweigen, ein einfaches Bibelwort zum inneren Mitnehmen in die Dunkelheit?...

Was war sonst noch alles geschehen? Was hat man mir gesagt, was hat man mir verschwiegen? Was habe ich gefragt, was mich nicht zu fragen getraut? Welche Entscheidungen hat man mir zugemutet, welche mir abgenommen? Wo hätte ich nachfragen, wo mich wehren, wo anders entscheiden sollen? Kompetenzen, das sind eigene Erfahrungen, die im Gespräch geklärt wurden, nun fachlich reflektiert sind und aktiv für andere eingesetzt werden können. Ein Krankenbesuchskreis, der von solchen Menschen gebildet wird, tut einen unverzichtbaren Dienst. Er zeigt vor allem, wie wichtig es ist, dass dieser Dienst durch Gemeindeglieder geschieht. Die Aufgabe des Pfarrers wird die des Begleiters der Gruppe sein. Natürlich kann es vorkommen, dass einmal ausdrücklich der Pfarrer gewünscht oder auch wirklich benötigt wird. Das aber sind Ausnahmen, die die Regel bestätigen.

Als letztes Beispiel: der Religions-, vor allem der Konfirmandenunterricht. Ein Jugendlicher sagt zum Pfarrer: „Es ist ja schön, wie Sie vom Glauben und der Kirche begeistert sind. Das aber wäre ich wohl auch, wenn ich solch einen Lohn dafür bekäme." Der Spruch saß. Der junge Mensch hatte ja von seiner Warte aus gar nicht so Unrecht. Wer sonst war denn vom Glauben sonst noch so begeistert wie der Pfarrer? Als Jugendlicher wusste er nur, dass er den Gottesdienst besuchen musste, um zur Konfirmation zugelassen zu werden. Die älteren Jugendlichen und die Erwachsenen aber machten es ihm vor, was danach geschah: Wer nicht mehr musste, der tauchte später freiwillig kaum mehr auf. Wo waren die Lehrer, wo die Eltern, wo die anderen erwachsenen Bezugspersonen? Geh du nur, war deren Antwort. Wir mussten auch einmal. Und der Pfarrer? Der muss ja wohl auch. Es ist ja sein Job.

Wie aber ist diese Optik bei einem jungen Menschen zu durchbrechen? Er ist gerade in dem Alter, da er erwachsene Bezugspersonen und Vorbilder nötig hätte. Der Kinderglaube, den er vielleicht einmal besaß, zerbricht spätestens in der Pubertät. Wie gewinnt er einen neuen, erwachsenen Glauben? Die Antwort: Wir brauchen Erwachsene, wenn möglich Paare und Familien, die zu neuen Bezugspersonen für die junge Generation werden können und es auch wollen. Wohl der Gemeinde, die sie hat.

Wir teilen die Konfirmandenklasse für drei bis fünf Wochen in Gruppen auf. Diese kleinen Gruppen schicken wir zu den jungen Paaren und Familien nach Hause. Mit ihnen haben wir vorher ein Thema genau vorbereitet und ihnen auch genügend Material für die Abende zur Verfügung gestellt: Taufe etwa oder Abendmahl eignen sich gut dafür. Drei Wochen lang besuchen also etwa je vier Konfirmanden statt des Unterrichtes Erwachsene der Gemeinde in deren Wohnung. Dort werden Kontakte geknüpft. Dort öffnen sich die Jugendlichen wesentlich leichter und schneller. Der Druck der großen Gruppe, der auch für sie nicht immer einfach ist, fällt in dieser neuen Zusammensetzung von ihnen ab. Die Erwachsenen haben selbst noch Fragen. Sie sind nicht perfekt. Sie werden nicht so dominant erlebt wie der Pfarrer, die Pfarrerin. Vor allem aber: Beziehungen entstehen. In den Tagen zwischen den Besuchsterminen unterhalten sich die Konfirmanden untereinander über die Paare und Familien, bei denen sie sind. Sie entdecken, dass es durchaus Menschen gibt, die freiwillig in der Kirche sind und das für sich als wichtig ansehen. Sie sind auch am Sonntag im Gottesdienst zu entdecken. Allein das lebendige Vorbild von Erwachsenen ist imstande, die Vorbehalte gegenüber dem regelmäßigen Gottesdienstbesuch als einem bloßen Zwang für junge bzw. einer Nebenbeschäftigung für alte Leute als haltlos zu entlarven.

Zum Programm: An drei mit den Paaren zuvor genau vorbereiteten Abenden wird das Thema, z.B. Taufe oder Abendmahl, durchgenommen. Der vierte Abend besteht darin, je einen Teil eines kleinen Gottesdienstes vorzubereiten, der dann in der fünften Woche gemeinsam in der Kirche gefeiert wird: die Konfirmandengruppe, die Paare bzw. Familien, die die Gruppen begleitet haben, die Kirchenvorsteher zusammen mit dem Pfarrer. Da wird etwas an Gemeinschaft und Festigkeit des Glaubens spürbar, was so im normalen Gottesdienst oft nur schwer zu vermitteln ist. Auch da werden wichtige Kompetenzen entdeckt und für den Dienst der Gemeinde eingesetzt. Ich nenne als weitere Stichworte: Arbeitslosen-Kompetenz, Allein-Erziehende-Kompetenz, Ledigen-Kompetenz, Leidens-Kompetenz, Trennungs-Kompetenz usw. Das Leben zwingt uns Menschen die je eigene Schule auf, die uns reifen lässt. Was wir auf diesem Weg empfangen, können, ja sollen wir weitergeben. Der hauptamtlich angestellte Mitarbeiter kann und soll helfen, diese Kompetenzen zu entdecken, zu schulen, ihnen zur Sprache und zum Dienst zu verhelfen. Wenn man in das Leben von Menschen mit ihren bewältigten Erfahrungen hineinsehen darf, dann weiß man: Das waren oft genug Hochschulen des Lebens, die einer akademischen Ausbildung mindestens die Waage halten.

Nochmals zugespitzt: Eine Gemeinde müsste – wie eine Familie – damit konfrontiert werden, ob sie die eigenen Kompetenzen für den Dienst der Gemeinde einsetzen will oder nicht. Finanzierte Dienste, die stellvertretend die eigene Unwilligkeit zum Dienst notdürftig verdecken, reichen längst nicht mehr aus. Eine Gemeinde nach dem Bild einer Familie lebt dort, wo man die je verschiedenen Fähigkeiten entdeckt, einander damit dient und sich daran freut. Wo man sich jedoch, noch dazu durch Bezahlung der Steuern, in solchem Dienst vertreten lässt, ist eine Familie innerlich krank. Dasselbe aber gilt für uns als Kirchgemeinden. Jeder Dienst der Liebe, den niemand mehr leisten will, den bloß noch alle zu ihrem Alibi finanzieren und damit an angestellte Mitarbeiter delegieren, geschieht in Wirklichkeit nicht mehr als lebendiger Dienst der Kirche. Was bedeutet es denn, wenn viele Menschen einen solchen Dienst an Schicksalsgruppen, an den Armen und Einsamen für sehr wichtig halten, jedoch kaum einer mehr bereit ist, ihn unter Einsatz seiner eigenen Zeit, seiner Möglichkeiten, seiner erworbenen Fähigkeiten zu tun? Dieser Wahrheit standzuhalten wird ein entscheidender Schritt zur ernüchternden Erneuerung der Kirche sein. Er muss zur offenen Frage an die Gemeindeglieder werden: Wollt ihr wirklich noch Gemeinde sein?

e) Konsequenz: Gruppierungen in der Kirche

Der Vergleich der Gemeinde mit einer Großfamilie impliziert einige Schwierigkeiten, die man am besten direkt ins Auge fasst. Unsere Gemeinden bestehen aus Hunderten, ja, oft aus Tausenden von Menschen. Die Struktur einer Großfamilie aber ist zahlenmäßig klar begrenzt. Sie lässt sich nicht beliebig erweitern. Ab etwa 25 bis 35 Personen beginnt sich eine Großfamilie zu teilen. Das ist sinnvoll, damit der lebensmäßige Zusammenhang aller Mitglieder gewährleistet bleibt, niemand in der Anonymität untergeht und niemand unsachgemäß dominieren kann. Das heißt also: Großfamilienstrukturen sind nur in Gruppen von 25 bis 35 Personen zu entwickeln.

Die Konsequenz ist klar: Es ist nötig, unsere großen Kirchengemeinden in kleinere, überschaubare und dennoch feste Lebenskreise zu gliedern, in denen sich das Geheimnis von Großfamilien erleben und leben lässt. Hierbei handelt es sich um Erkenntnisse, die tief unserem Menschsein entsprechen. Auch unsere christlichen Gemeinden überspringen dieses Lebensgesetz nicht, ohne Schaden an ihrer eigenen Wahrheit zu nehmen. Lange Zeit meinte man, sich in der Kirche über diese Einsicht hinwegsetzen zu können. Die Gemeindeglieder waren ja im privaten Leben durchaus von intakten Familien, einem Verwandten- bzw. Dorfkreis getragen. Was aber bedeuten diese Überlegungen in einer Zeit, in der unsere Gesellschaft zur Individualisierung auf der einen Seite, zur anonymen Vermassung auf der anderen Seite tendiert? Wir Christen sind von dieser Tendenz ja keineswegs ausgenommen. Woher aber kann die Kraft zum lebendigen Protest kommen, wenn nicht aus dem Anruf des Evangeliums? Wie kann dieser Protest zur Hoffnung für die Gesellschaft werden, wenn nicht durch das lebendige Anschauungsbeispiel christlicher Gemeinden, die mitten in dieser Gesellschaft neu und anders leben? Wie werden und bleiben wir auch selbst menschlich und geistlich gesund? Es geht nicht ohne den notwendigen „Luxus" an Leben in einer verpflichtenden, überschaubaren Gruppe von Menschen, mit denen wir unseren Weg, unser Leben und unseren Glauben teilen.

Man sehe doch nur in das Neue Testament. Die Gemeinden des Neuen Testaments waren, wie erwähnt, Hausgemeinschaften, d.h. feste Glaubens-, Lebens- und Versorgungsgemeinschaften. Man halte sich vor Augen: Die Briefe des Neuen Testaments sind an Gemeinden gerichtet, die etwa zwischen 15 und gut 40 Menschen umfassten. Heute vermitteln Hauskreise vielleicht eine Ahnung davon, wie das gemeint war. Allerdings müsste gerade vom Neuen Testament her die gegenseitige Offenheit und Verpflichtung nochmals klarer werden. Die Gemeinden des Neuen Testaments waren Kommunitäten und keine modernen Kirchgemeinden.[46]

---

46 Vgl. dazu unten Kapitel 6 c, Abschnitt Leitungsamt.

6. Die Mitarbeiter der Gemeinde und ihre jeweiligen Aufgaben

a) Vielfalt der Dienste: Aufgabe des Gemeindebaus – Eph 4,11f

Im Epheserbrief wird die Grundstruktur kirchlicher Arbeit, die uns auch sonst im Neuen Testament begegnet, markant beschrieben: „Er hat die einen zu Aposteln bestellt, andere zu Propheten, andere zu Evangelisten, andere zu Hirten und Lehrern ..." Es ist eine Vielzahl von Diensten, die hier aufgezählt wird und die bewusst nicht abschließend gedacht ist. Ebenso wenig ist hier die Frage der haupt- oder nebenamtlichen Mitarbeiterschaft reflektiert. Wichtig ist die von Gott ergangene Berufung, die von der Gemeinde erkannt und nun auch anerkannt wird. Sowohl lebensmäßig erworbene wie geistgewirkte Kompetenzen werden als Dienste anerkannt, die der Auferstandene seiner Gemeinde schenkt.

Liest man einen solchen Text vom heutigen Bild volkskirchlicher bzw. auch weitgehend freikirchlicher Realität her, dann müsste er eigentlich so weitergehen: „... und am Ende beschloss er, all diese verschiedenen Dienste in einen einzigen zusammenzufassen. Und diesen einen Dienst nannte er dann Pfarramt bzw. Pastorenamt." Wissen wir eigentlich, was uns verloren gegangen ist, als wir die vielfältigen, also vielfältig auf verschiedene Menschen verteilten Dienste so auf eine zentrale Person vereinigten?

Der Text des Epheserbriefes ist aber auch weiterhin erhellend genug, wenn man ihn von der Realität heutiger Gemeinden her liest. Wozu soll die Vielfalt der Dienste denn dienen? „... um die Heiligen für das Werk des Dienstes auszurüsten ..." Es ist eine fremde Sprache, die hier gesprochen wird. Und doch ist sie klar. Die vielfältigen Dienste in der Gemeinde sind keineswegs dazu da, den „Heiligen", also den einzelnen Gemeindegliedern, die Arbeit abzunehmen. Im Gegenteil. Einzige Aufgabe ist es, sie für ihren je eigenen Dienst „auszurüsten": Schulung in Mitarbeiterschaft, damit die Glieder der Gemeinde ihren Dienst erkennen und nun auch tun können. Dass sie ihn zu tun haben, das wird hier vorausgesetzt.

Worin aber besteht denn dieser Dienst, der alle Gemeindeglieder ergreift und übergreift? Auch hier verschweigt der Text keineswegs die klare Auskunft: „... für die Auferbauung des Leibes Christi." Plötzlich wird der Text erregend modern. Die Aufgabe des „Gemeindebaus" ist hier konkret beim Namen genannt. Sie wird aber keineswegs den einzelnen Diensten, den einzelnen besonders genannten Mitarbeitern zugewiesen. „Gemeindebau" ist Aufgabe der Gemeinde als ganzer, ja jedes einzelnen Gemeindegliedes, eben: der Heiligen. Die besonderen Dienste sollen diese Aufgabe gerade nicht stellvertretend übernehmen. Im Gegenteil: Sie sollen die Gemeindeglieder für diese Aufgabe ausrüsten. Was würde es bedeuten, wenn diese Erkenntnis unter uns neu Raum greift, wenn sie neu unter uns durchdacht und ausgelebt wird? Dahinter steht die These, die auch in diesem Buch vertreten wird: Gemeindebau ist Aufgabe der Gemeindeglieder, der „Heiligen" also, und nicht die Aufgabe der besonderen Amtsträger bzw. der besonders Beauftragten der Gemeinde.

b) Zum Problem des Amtsverständnisses

Die Augsburger Konfession (Confessio Augustana) von 1530 ist für das oftmals unbewusste Kirchenverständnis der evangelischen Kirchen grundlegend geworden: Kirche sei die Gemeinschaft der Heiligen, in der das Wort Gottes und die Sakramente auf rechte Weise (recte) ausgeteilt werden (CA 7).

Hier kann dem Verständnis dieses grundlegenden und folgenschweren Abschnittes evangelischer Kirchenauffassung nicht ausführlich nachgegangen werden. Er wäre ja zunächst historisch zu betrachten: Als Gegenüber zur damaligen „römischen" Kirchenauffassung, die Kirche von der päpstlichen Hierarchie verstand. Dem gegenüber betont Artikel 7 des Augsburger Bekenntnisses, dass die Kirche die „Gemeinschaft der Heiligen" ist. Sie ist nicht von ihrer hierarchischen Struktur her definiert, sondern von Gottes Wort und vom Sakrament.

Die Wirkungsgeschichte ging jedoch ihre eigenen Wege. Einige Beobachtungen beunruhigen uns:

- Der Abschnitt CA 7 verweist mit dem Wort Gottes und mit den Sakramenten mit Recht und in Einheit mit der Alten Kirche darauf, dass Kirche nie und nimmer mit uns Menschen, mit uns als glaubenden Subjekten beginnt. Kirche ist dort, wo sie sich selbst ständig neu Gott und seiner Gabe verdankt und dies auch in ihrer Gestalt und ihrem Handeln zum Ausdruck bringt.

- Das spätere Verständnis hat jedoch das Hauptinteresse vom Wort Gottes und vom Sakrament auf das „recte" verschoben. Zugespitzt: Nicht dort ist Kirche, wo Wort Gottes und Sakrament ausgeteilt werden, sondern dort, wo sie „auf richtige Weise" (recte) ausgeteilt werden. Damit schob sich das Schwergewicht von der Gabe Gottes, in der Gott sich selbst schenkt, auf das Amt bzw. auf seine rechte Ausübung.

- Damit – und d.h. nicht mit der Formulierung von CA 7, wohl aber mit der späteren Konzentration auf das „recte"! – war das Schwergewicht im Kirchenbegriff verhängnisvoll verschoben. So gelesen war Kirche nicht mehr einfach dort, wo Gott sich schenkend gibt. Nicht mehr an Gott hing damit die Kirche, sondern am richtigen „Amt".

- Liest man von solchem Verständnis her die Formulierung der Augsburger Konfession (CA 7), dann wird einem die grundlegende Problematik klar: Die Kirche hängt plötzlich am Amt. Ob es die Gemeinde selbst gibt, das steht nicht mehr im Brennpunkt der Aufmerksamkeit. Damit aber ist der Dienstcharakter christlicher Existenz, der dem Gemeindesein der Gemeinde zugrunde liegt, bald einmal aus dem Blickfeld geraten. Wo Gottes Dienst an uns als Grundlage der Kirche durch dieses Amtsverständnis aus dem Blickfeld gerät bzw. verdrängt wird, dort gerät sofort auch die Wichtigkeit der Gemeinde und damit unser Dienst der Liebe in der Nachfolge Jesu aus dem Blickfeld.[47] An die Stelle der Gemeinde, die den Dienst der Liebe tut, trat in der Wirkungsgeschichte das Amt.

Nochmals: Das war gewiss nicht die Intention des Kirchenbegriffes des Augsburger Bekenntnisses. Bemerkenswert ist, dass auch in den reformierten Kirchen, die mehr von der Gemeinde her konzipiert sind, faktisch das Pfarramt dominiert.

c) Warum Einheit von Leitungsamt und Lehramt?

Es ist wohl kein Geheimnis, dass es unter den Pfarrerinnen und Pfarrern teilweise sehr gute Theologen gibt, die jedoch oft wenig Begabung für die Leitung von Menschen mitbringen. Andererseits finden wir hervorragende Leiter, die jedoch im Grunde schlechte Lehrer, oftmals sogar schlechte Theologen sind.

Es ist zutiefst verhängnisvoll, dass unsere Kirchen für Lehre wie für Leitung nur ein einziges Amt, nämlich das des Pfarrers, kennen sowie ebenso nur eine einzige Ausbildung, nämlich die des Studiums an der Universität und anschließend des einheitlichen Vikariats. Im Grunde ist aber überhaupt nicht einsehbar, warum in unseren Kirchen Leitungsfunktion und Lehrfunktion in einem einzigen Amt zusammengefasst sein sollen. Es handelt sich hier um zwei sehr verschiedene Anforderungen. Nur zum Vorteil der Gemeinden und Kirchen sind in Zukunft diese beiden Bereiche klar zu unterscheiden, wo möglich sogar zu trennen!

Leitungsamt

Eine durchschnittliche Kirchengemeinde mag zwischen zwanzig und vierzig ehrenamtliche Mitarbeiter in leitender Funk-

47 Vgl. Adolf Schlatter, Der Dienst des Christen in der älteren Dogmatik. 1897 erstmals veröffentlicht und seither verschiedentlich nachgedruckt ist das Buch immer noch überraschend aktuell.

tion haben, dazu wohl noch ein Vielfaches an ehrenamtlichen Helfern. Dazu treten jene Gemeindeglieder, die mehr oder weniger regelmäßig „in Erscheinung" treten.

Wer sich diese Zahlen von Menschen vergegenwärtigt, der weiß: Wir haben es hier mit einer ziemlich großen und obendrein finanzstarken „Non-Profit-Organisation" zu tun, die ihre Leistung weitgehend auf ehrenamtlichen Mitarbeitern aufbaut. Niemand möge über diese Sprache jetzt erschrecken. Die Erkenntnisse, die in den letzten Jahrzehnten über die Gesetzmäßigkeiten solcher „Groß-Vereine" gesammelt worden sind, gelten auch für Kirchgemeinden. Ehrenamtliche Mitarbeiter, die ihren Dienst zwar gerne tun, jedoch „von oben" nie bemerkt werden, verlieren sehr schnell ihre Motivation. Eine der Grundlagen lautet: Ein ehrenamtlicher Mitarbeiter muss etwa zwei- bis dreimal jährlich von einem Mitglied der „Leitung" persönlich wahrgenommen, auf seine Sorgen, Fragen, Anregungen hin befragt werden. Er muss wissen, dass er von der „Leitung" noch „gekannt" wird, dass seine Fragen wichtig sind usw. Er muss umgekehrt erfahren, welche Anliegen und Ziele die Leitung bewegen, um sich selbst noch als Teil des Ganzen dieses „Vereins" zu verstehen. Er muss ebenso erfahren, dass seine Meinung bis nach oben hinaufdringt, dass ihm dann von oben her wieder eine Antwort zukommt. Dazu bedarf es auf verschiedenen Ebenen der Möglichkeit von Begegnung, damit für jeden Mitarbeitenden der Blick für das Ganze des Vereins immer neu gewonnen und gefestigt werden kann.

Nochmals: Niemand möge über diese betriebswirtschaftliche Sprache erschrecken. Es geht hier um Grunderkenntnisse menschlichen Zusammenlebens, die durch moderne Management-Erkenntnisse im Bereich von Non-Profit-Organisationen erneut bewusst gemacht worden sind. Welchem Pfarrer im Amt aber könnte man neben seinen Aufgaben in Predigt, Seelsorge und Unterricht noch diese dringend wichtige Aufgabe der Mitarbeiterbetreuung zumuten? Keinem! Wenn er es aber nicht selbst leisten kann, soll diese Aufgabe dann einfach überhaupt nicht geschehen? Warum denn bloß?

Begleitung der ehrenamtlichen Mitarbeiter

Im Rahmen einer Neubesinnung auf die gemeindlichen Aufgaben ist der Begleitung der vielen ehrenamtlichen Mitarbeiter der Gemeinde zentrale Bedeutung zuzuerkennen. Unsere Gemeinden leben vom Einsatz der ehrenamtlichen Mitarbeiter. Ich schlage in Beratungen jeweils vor:

a) Die Gemeindeleitung erstellt eine genaue Liste aller ehrenamtlichen Mitarbeiter.

b) Jedes Mitglied des Kirchenvorstandes übernimmt verantwortlich die Begleitung der Mitarbeiter eines Ressorts: Kinderarbeit, Jugendarbeit, Erwachsenenarbeit, Gottesdienst, Diakonie, Mission, Seniorenarbeit, Gemeindebrief usw.

c) Innerhalb eines halben Jahres findet mindestens ein offiziell vereinbartes Gespräch zwischen dem Mitglied des Kirchenvorstandes und den Mitarbeitern des jeweiligen Ressorts statt. Gegenstände des Gespräches sind: Was nehmen die Mitarbeiter von den Gemeindegliedern jeweils wahr? Was funktioniert gut? Was brennt? Was muss der Kirchenvorstand zur Kenntnis nehmen? Umgekehrt: Was möchte der Kirchenvorstand von seinen Überlegungen den Mitarbeitern und den Gemeindegliedern mitteilen?

d) Ein Mitglied des Kirchenvorstandes achtet darauf, dass diese Gespräche tatsächlich stattfinden, und bündelt das dadurch erhaltene Wissen. Sie oder er sorgt dafür, dass die Kommunikation von unten nach oben und dann von oben nach unten wirklich stattfindet.

e) Einmal pro Jahr findet ein Mitarbeitertreffen statt, bei dem den ehrenamtlichen Mitarbeitern für ihre Arbeit gedankt wird. Entscheidend dabei ist, dass alle Mitarbeitenden den Eindruck gewinnen und festigen, an einem gemeinsamen Anliegen zu arbeiten und dabei wahrgenommen zu sein.

Doppelte Kommunikations-Strukturen

Sorry, ein eher peinliches Thema. Um der Wichtigkeit willen muss es aber unbedingt genannt werden. Bei meinen Begleitungen von Kirchengemeinden und Landeskirchen treffe ich regelmäßig auf das Phänomen doppelter Kommunikations-Strukturen auch innerhalb der Kirche. Am besten wird es an zwei markanten Beispielen klar, die beispielhaft für andere stehen.

a) Einmal die Sitzung eines Kirchenvorstands. Wichtige Traktanden, über die die Mitglieder der Vorsteherschaft offen und gemeinsam beraten müssten, sind im Vorfeld und inoffiziell zwischen zwei oder drei Mitgliedern bereits besprochen und beschlossen worden. Es kommt zu keinem offenen Gespräch mehr. Wer jetzt noch anders denkt oder Fragen stellt, wird harsch abgekanzelt.

b) Da trifft sich eine Kreissynode zu wichtigen Geschäften. Die einzelnen Programmpunkte sind vom Kreiskirchenrat sorgfältig vorbereitet. Alles scheint also OK. Während der Synode kommt es zu Rückfragen, zu alternativen Vorschlägen und abweichenden Anträgen. Die Reaktion des Kreiskirchenrats ist harsch: Ablehnung von Anträgen, Drohungen, drastische Begrenzungen der Redezeit. Dabei ist doch die Synode der Ort, an dem miteinander gesprochen und im gegenseitigen Verständnis auch beschlossen werden soll. Am Ende aber wird das beschlossen, was der Kreiskirchenrat schon zuvor vereinbart hat. Zurück bleiben nur ungute Gefühle.

Beide Szenarien machen die Bedeutung doppelter Kommunikations-Strukturen deutlich. Offiziell soll der Kirchenvorstand, soll die Kreissynode frei und unabhängig entscheiden. Dagegen stehen jedoch inoffizielle Gespräche und Abmachungen zwischen wenigen „Funktionären", die ihre Meinung unbedingt durchsetzen wollen. Im inoffiziellen Hintergrund wird vieles entschieden und in die Tat umgesetzt, das eigentlich von den gewählten Vertretern offen besprochen und beschlossen werden müsste. Offen gesagt: Das ist teilweise ein echter Skandal, der der Kirche Jesu Christi nicht würdig ist.

Ob meine Worte deutlich genug sind? Der Hinweis auf doppelte Kommunikations-Strukturen sowohl in den Gemeinden wie auf übergemeindlicher Ebene wird in allen Beratungen sehr wach aufgenommen und bestätigt. Wer spricht da im Hintergrund mit wem? Wer entscheidet längst im Hintergrund, bevor die offiziellen Vertreter zur Beratung zusammentreffen?

Lehramt

Für die sorgfältige Vorbereitung auf die Aufgaben von Verkündigung, Unterricht, Seelsorge und die dafür notwendige beständige biblische und theologische Weiterarbeit bleibt in der Regel den Pfarrerinnen und Pfarrern im Amt nicht genügend Zeit.[48] Die Praxis – und das sind ja die konkreten Menschen in ihrer Not – frisst die Zeit für die ständig nötige Vorbereitung, für die eigene theologische und geistliche Arbeit.

Der tiefer liegende Konflikt

Unser landläufiges Pfarramt[49] geht davon aus, dass Lehramt und Leitungsamt in dem einen Pfarramt zusammengefasst sind. Theologisch aber müsste man sagen: Das Lehramt ist dem Leitungsamt zuzuordnen, geht in ihm aber nicht einfach auf. Die Ungeheuerlichkeit, dass in unseren Kirchen der „Lehrer" dem „Leiter" nicht einfach als Berater zugeordnet ist, sondern selbst zum „Leiter" und damit nur zu oft zum „Herrscher" wird, müsste uns zum lauten Protest bringen. Wie sinnvoll wäre es, wenn der Theologe als „Lehrer" seine Erkenntnis in Wegweisung, in Kritik, in Anregung, in Schulung, ja, sicher auch dann und wann in konkretem Widerstand gegen eine Gemeindelei-

---

48 Da haben Gemeindeglieder oft merkwürdige Vorstellungen. Ein sorgfältig vorbereiteter Gottesdienst besteht in Meditation des Predigttextes, der Betrachtung des gemeindlichen und gesellschaftlichen Umfeldes, der Vorbereitung der Predigt und dann – mindestens so umfangreich – in der Vorbereitung der Liturgie: Auswahl der Lieder, Besinnung auf die Gebete usw. Wer das sorgfältig macht, der benötigt dafür 10 bis 12 Stunden. Ein Gottesdienst muss aus der Stille kommen, um in die Stille führen zu können. Natürlich gibt es dafür Hilfen aus der Literatur und aus dem Internet. Die innere Stille, aus der ein Gottesdienst die Gemeinde zur Stille vor Gott führt, ist durch keine literarische oder elektronische Zeitersparnis zu haben.
49 Dabei besteht nach meiner Wahrnehmung zwischen Landeskirchen und Freikirchen kein prinzipieller Unterschied.

tung deutlich machen müsste! Er wäre jedoch dabei gezwungen, seine Erkenntnis dem Gespräch mit Menschen auszusetzen, die nach neutestamentlichem Zeugnis ebenso wie er den Heiligen Geist haben und so von der Wahrheit geleitet sind. Nicht er als Lehrer müsste sich nun selbst durchsetzen. Er müsste die von ihm erkannte Einsicht im Raum der Gemeinde preisgeben im Vertrauen darauf, dass sie selbst sich durchsetzt, wenn sie als Wahrheit von den anderen erkannt und anerkannt wird. Theologische Lehre würde sich nun als Dienst an der Gemeinde erweisen, nicht mehr als Machtmittel über die Gemeindeglieder. Der theologische Lehrer könnte vom Praktiker auf neue Fragen hören lernen, könnte und müsste seine Theologie viel konkreter verständlich machen. Nicht er als Theologe müsste sich kraft seines Amtes durchsetzen. Die von ihm erkannte Wahrheit müsste sich dann durchsetzen aufgrund ihrer Evidenz, die von allen eingesehen bzw. bestätigt wird.

Vielfalt der Ämter und Ausbildungen

Ich plädiere darum ausdrücklich für eine bewusst angestrebte Vielfalt der Ämter auch in unseren traditionellen Gemeinden, und darum auch für eine Vielfalt der Ausbildungen. Wir dürfen doch nicht so tun, als ob die Konzentration aller Aufgaben auf das traditionelle Pfarramt eine göttliche Setzung sei. Ein intensives Gespräch müsste einsetzen: Wie können die bisher auf ein Amt konzentrierten Aufgaben sinnvoll auf mehrere Ämter verteilt werden? Wie können Lehr- und Leitungsaufgaben getrennt und einander neu und sinnvoll zugeordnet werden? Wie können endlich – und damit sind wir bei den eminent praktischen Fragen – Leitungs- und auch Lehraufgaben einer neuen und sehr flexiblen Finanzierungsordnung unterstellt werden? Als Beispiel: Es ist denkbar, dass z.B. ein Theologe seine theologische Lehrtätigkeit auf mehrere Gemeinden erstreckt, vor allem dann, wenn er damit die theologische Schulung der ehrenamtlichen Mitarbeiter übernimmt, dafür aber von allen Leitungsaufgaben entlastet wird. Dafür würden finanzielle Mittel frei, die für Mitarbeiter mit Leitungsaufgaben zur Verfügung stehen. Manche Gemeindeglieder, die z.B. aus ihrem Beruf die Begabung und auch die Ausbildung zur Leitung bereits mitbringen, könnten dafür mindestens teilzeitlich von den einzelnen Kirchengemeinden angestellt werden und die Begleitung der ehrenamtlichen Mitarbeiter übernehmen. Menschliche Begabung, lebensmäßig erworbene Kompetenz und theologische Schulung müssten nun in ein Gespräch eintreten, aus dem heraus sich Gemeindeleitung und Kirchenleitung ergibt. In ein solches Gespräch könnten, ja, müssten dann viele verschiedene Menschen eintreten. Das alte Wissen der Kirche um ihre synodale Struktur würde hier neu konkrete Gestalt auch auf der Ebene der Ortsgemeinde gewinnen und würde die Kirche bis hinauf auf die Ebene der Kirchenleitung neu prägen.[50]

Woher kommt die Skepsis?

Ich begegne, wo ich solche Gedanken äußere und zu entfalten versuche, einer beinahe abgrundtiefen und irrationalen Skepsis sowohl von Gemeindegliedern wie von Pfarrerinnen und Pfarrern. Was zur Grundlage urchristlichen Gemeindelebens gehört, erscheint uns zutiefst fremd. Warum ist das so? Ich verstehe das nicht. Gott verteilt in menschlicher, lebensmäßiger und theologischer Begabung die Hilfen zur Leitung der Gemeinde auf sehr verschiedene Menschen und Dienste. Mit welchem Recht vereinen wir das, was Gott so differenziert gibt, in einem Amt? Das nötige Gespräch unter den Gabenträgern wird zum Monolog des Amtsträgers! Wie kann das denn gut sein?

50 Es ist rätselhaft, dass die Kirchen die synodale Struktur zwar auf der Ebene der Landeskirchen, oftmals noch auf der Ebene von regionalen Kirchenkreisen eingeführt haben, nicht jedoch auf der Ebene der Gemeinden. Dabei müsste das offene Gespräch gerade auf Gemeindeebene eingeübt werden. Wir benötigen dringend synodale Formen für unsere Ortsgemeinden.

7. Die äußere Gestalt der Kirche

In den letzten beiden Kapiteln war von der inneren Dynamik der Kirche die Rede, also von der Art und Weise, wie wir als Gemeindeglieder und so genannte Amtsträger in der Kirche miteinander umgehen.

Davon zu unterscheiden ist nun die Frage der äußeren Dynamik. Wie gliedert sich christliche Gemeinde auch äußerlich so, dass sie funktionsfähig und als christliche Gemeinde gegenüber der nichtchristlichen Gesellschaft erkennbar bleibt? In vielen Gesprächen der letzten Jahre haben wir versucht, anhand der Dreiteilung des antiken Tempels etwas vom Geheimnis der Kirche zu verstehen.

a) Das Leitbild: die drei Bereiche des Tempels

Der Tempel in Jerusalem hatte drei deutlich abgegrenzte Bereiche, die dennoch unlösbar zusammengehörten. Daran kann uns etwas vom Wesen der Kirche, vom Grundzug kirchlichen Lebens und kirchlicher Arbeit anschaulich werden.

Das Allerheiligste

Die geistliche Mitte des Tempels ist das Allerheiligste, Gottes eigene Gegenwart. Ohne sie ist der Tempel in all seinen äußeren Gebäuden sinnlos. So lebt auch Gemeinde Jesu nicht von uns Menschen, nicht von unseren Gebäuden und nicht von unseren Aktivitäten, ja nicht einmal von unserem vorweisbaren Glauben. Sie lebt von Gott und seiner Gegenwart. Die Alte Kirche hat das deutlich gewusst und gesagt: Kirche lebt aus der Eucharistie, aus dem Abendmahl. Weil Gott da ist und uns immer neu sein Wort schenkt, weil Jesus für uns gestorben und auferstanden ist und uns sich selbst in Brot und Wein schenkt, weil Gott durch seinen Geist unter uns Gegenwart wird, darum existiert Kirche. Theologische Ekklesiologie beginnt wie der praktische Gemeindebau nicht mit uns Menschen, nicht mit unserem Glauben, nicht mit unserem Tun. Sie beginnt mit Gott, seinem unverfügbaren Schenken, seiner Gegenwart im Geist Jesu Christi.

Dieser Satz ist nicht theoretisch gemeint. Kirche lebt von Gottes Gegenwart und Zuwendung. Doch wie ist das? Erfahren wir das in der Art und Weise, wie wir täglich und wöchentlich Gemeinde sind? Sind unsere Gottesdienste Orte, an denen uns Gott derart begegnet? Gibt es bei uns Orte und Zeiträume, wo wir gemeinsam auf Gott hören und er uns begegnet?

Ich denke an ein Wochenende mit Verantwortlichen einer Kirchengemeinde zurück. Die Hauptfrage, die sie mitbrachten, war: Was können wir tun, um mehr Ehrenamtliche für die Gemeindearbeit zu motivieren? Das Ergebnis war dann für alle unerwartet, aber mehr als klar. Sie merkten, dass sie zunächst nicht das Engagement der Menschen verstärken müssen. Was sie nötig haben, ist eine gemeinsame Mitte der Gottesbegegnung. Noch ist offen, in welcher Form das vor sich gehen kann. Geplant ist ein regelmäßiger Abendgottesdienst mit Lesung von Bibeltexten, einfachen Liedern, spontanen Gebeten, vor allem aber mit viel Stille und der Erwartung, dass Gott in dieser Stille mit ihnen auch reden wird. „Um Kraft für das Engagement zu gewinnen müssen wir unbedingt zunächst die Mitte stärken. Wir müssen die Mitte in der Stille vor Gott selbst wieder finden", sagte eine Teilnehmerin zum Abschluss.

Die Erkenntnis dieses einen Kirchenvorstandes wünsche ich jeder Gemeinde. Es geht dabei nicht einfach um Gottesdienste der Stille, die zusätzlich zu den übrigen Gottesdienstangeboten angeboten werden, so dass die „mystisch empfänglichen" Leute auch etwas bekommen. Es geht, wie die Frau richtig formulierte, um die Frage der Mitte unserer Kirche selbst, die Mitte unseres Kirche-Seins. Wenn es wahr ist, dass Kirche Christi diejenige ist, „die syn Wort hört" (Zwingli), dann ruft das auch nach einem Ort, an dem wir dieses Hören auf Gott gemeinsam einüben.

Davon bin ich überzeugt: Die kirchenfremden Menschen reagieren sensibel darauf, ob Gottes Gegenwart in unseren Kirchen bloße Behauptung ist, oder ob wir das wirklich erfahren und gemeinsam aus dieser Erfahrung auch leben. Die Stärkung von Stille, zunehmende Nachfrage nach meditativen Angeboten, nach Exerzitien für den Alltag, nach Kontemplation und geklärter christlicher Spiritualität sind Zeichen, dass vielfältig nach der Mitte des Glaubens und damit nach der Mitte der Kirche gefragt und gesucht wird. Wir tun gut daran, diese geistliche Mitte unserer Kirche entschlossen zu stärken.

In einem Arbeitskreis kann man mit der Gemeinde danach fragen, welche Formen dafür geeignet sind. Natürlich gibt es nicht einfach eine einzige Form, die für alle taugt. Wichtiger ist die Leitfrage, die dahinter steht: Wie sieht der Ort aus, an dem Gott uns begegnen, mit uns reden und uns segnend berühren will? Vielleicht wird es nötig sein, bisherige Aktivitäten aufzugeben, um auch zeitlich die Möglichkeit für einen solchen Raum der Stille zu schaffen. Lieber klein beginnen, als lange und spektakulär zu planen.

Ein Schritt in diese Richtung könnte auch sein, den bisherigen Gottesdienst am Sonntag-Morgen entschlossen unter dem Grundgedanken der Gottes-Begegnung zu gestalten. Ein Kollege baut z.B. nach dem Gottesdienst-Eingang vor dem ersten Lied eine etwa dreiminütige Stille ein. Das Ergebnis ist erstaunlich. Andere Gottesdienste gestalte ich selbst, bei denen die Predigt von drei Schweigeblöcken unterbrochen wird, in denen die Gemeinde zum Gespräch mit Gott über das, was von Gottes Wort zu hören war, dreimal eingeladen wird. Die Predigt findet also ihr Ende nicht im Amen des Predigers, sondern im Amen, das jedes Gemeindeglied am Ende seines Gespräches mit Gott sagen kann.[51]

---

51 Die Gottesdienste finden in der Regel einmal pro Monat in der Augustinerkirche in Zürich statt. Auf die dreimalige Stille nach der Predigt folgt ein Raum des offenen Gespräches, in dem die Gottesdienstteilnehmer davon berichten können, was sie in der Stille für sich gehört haben.

Wenn man darüber nachzudenken beginnt, dann tauchen noch weitere Impulse auf. Wie kann man das Gebet und auch das Vaterunser so gestalten, dass Menschen ihre Sorgen und Lasten wirklich in Gottes Hand ablegen? Gibt es einfache Rituale, die dafür hilfreich sind? Wie kann der Segen am Schluss des Gottesdienstes gestaltet werden, dass er zur Erfahrung des Segens, des Berührt-Werdens von Gott hinführt? In einem Gottesdienst werden die Gottesdienstbesucher ermutigt, sich zunächst konkrete Lebenssituationen, Beziehungen oder Entscheidungen zu vergegenwärtigen, für die sie Gottes Segen empfangen möchten. Der daraufhin gesprochene Segen wird als Zuspruch von Gottes Gegenwart in diese Situationen hinein erfahren.

Vorhof des Volkes Gottes

Um das Allerheiligste liegt der Vorhof der Priester, der Vorhof Israels. Man könnte vorsichtig zu übersetzen versuchen: Es ist der Bereich des Volkes Gottes, das von Gott erwählt, zu seinem Dienst berufen und auf sein Wort verpflichtet ist. Kirche lebt davon, dass es Menschen gibt, die sich von Gott gerufen und auf ihn verpflichtet wissen. Viele von ihnen würden das wohl nie so ausdrücken. Ohne das theologisch klar ausdrücken zu können, sind es Menschen, die sich auf irgend eine Weise eingestellt haben, die dem Zug zu Gottes Wort folgen, den Dienst in der Kirche aufnehmen. Es sind Menschen, die Gottes Ruf gehört haben und ihm nun folgen, auch wenn das immer wieder in großer Schwachheit, Vorläufigkeit und Zaghaftigkeit beginnt.

Es ist gewagt, hier theologische Unterscheidungen anzubringen. Die Zugehörigkeit zu Gottes Volk hängt nicht am Selbstbewusstsein der Menschen. Sie hängt an Gott selbst und seinem Ruf. Umgekehrt aber formt sie sehr wohl die Selbst-Bewusstheit der Menschen. Oft wird gefragt, wer denn in der konkreten Kirchensituation nun entscheiden solle, wer zu diesem „Vorhof des Volkes Gottes" gehöre und wer nicht. Die Gefährdung, die in solchem Unterscheiden liegt, ist deutlich.

Die Antwort muss eine doppelte sein. In unserer Verkündigung haben wir die Kennzeichen zu nennen, an denen das Evangelium als der reine Zuspruch Gottes in Unterscheidung von allem eigenen Wirken des Menschen erkennbar bleibt. Dann aber ist es so, dass sich die Menschen durchaus selbst einteilen, selbst dem Evangelium und damit der Gemeinde zuwenden oder sich vom Evangelium abwenden. Klare Verkündigung des Evangeliums teilt die Menschen nicht ein. Sie führt aber dazu, dass sich die Menschen durch ihre Zuwendung zum bzw. durch ihre Abwendung vom Evangelium und von der Kirche selbst einteilen.

Diesen zweiten Raum der Kirche müsste man wohl Raum der verpflichtenden Gemeinschaft nennen. Wir sind in der Kirche zusammen mit Menschen unterwegs, die Gottes Stimme vernommen haben und nun mit ihm unterwegs sind. Ich habe mir diese Menschen nicht ausgesucht. Das unterscheidet Kirche von jedem Verein. Nun aber gehöre ich mit diesen Menschen zusammen. Mit ihnen zusammen höre ich auf Gottes Stimme, mit ihnen zusammen lebe ich von seiner Liebe, mit ihnen zusammen teile ich das, was wir gemeinsam hören und empfangen.

Der Aspekt der Gemeinschaft innerhalb der Kirche wird für die Zukunft wohl mindestens so bestimmend sein wie die Frage nach der Mitte der Kirche. Üben oder lernen wir in unseren Kirchen eine Weise des Umganges miteinander, der zum Widerschein von Gottes Heiligkeit wird? Auch da haben die Menschen unseres säkularen Umfeldes ein waches Gespür dafür, ob wir bloß fromme Worte im Munde führen. Ist die Liebe, von der wir reden, sind Vergebung und Fähigkeit zum Neubeginn Wirklichkeiten oder bloß theoretische Behauptungen?

Vorhof der Völker

Der dritte Teil des Tempels ist der Vorhof der Völker. Auffallend ist, dass dieser Vorhof nicht außerhalb des Tempels liegt, sondern selbst Teil des Tempels ist. Die Vorstellung, dass Gottes Tempel eben auch einen solchen Vorhof hat, ist faszinierend genug und nach meinem Urteil theologisch noch nicht genügend bedacht. Was könnte das für unsere Art des Gemeindebaus bedeuten?

Den Vorhof der Völker betreten Menschen, die „metaphysischen Hunger" haben. Sonst kämen sie nicht. Und wie kommen sie doch immer noch und immer wieder in unsere Kirchen! Das Geheimnis dieses Vorhofes liegt darin, dass Menschen ihn mit ihrem Hunger und doch ohne jede Glaubens- und Dogmatikprüfung betreten können. Sie wollen verweilen in der Nähe des lebendigen Gottes, in einem Raum der Stille! Sie treibt Hunger nach dem Segen Gottes, nach innerer Berührung, nach Erfahrung von Ewigkeit. Wie wenig Recht haben wir, diesen Hunger zu kritisieren. Im Gegenteil. Wir sollten daran gehen, mit viel Phantasie und viel Liebe diesen „Vorhof der Völker" so anziehend wie möglich auszugestalten.

Damit kein Missverständnis entsteht: Es kann dabei nicht darum gehen, hier Menschen zur Mitarbeit anzuwerben, sie zu korrigieren usw. Zunächst hungern diese Menschen ja nach Liebe, nach der Erfahrung des Segens Gottes, nach Erquickung aus der Ewigkeit, nach der Heiligkeit des lebendigen Gottes.

Angebote zu Gespräch und Beratung in den City-Kirchen unserer Großstädte zeigen, auf welchen Hunger solche Möglichkeiten stoßen. Sechs-Minuten-Gottesdienste in den berühmten Kirchen weisen auf dieselbe Aufmerksamkeit, die dem kirchlichen Raum entgegengebracht wird. Ich denke, dass auch Weihnachtsgottesdienste und Kasualien in hohem Maß solche „Vorhof"-Veranstaltungen sind, ebenso Kirchenkonzerte oder Kirchenbesuche aus kunsthistorischem Interesse. Missionarische Gelegenheiten also? Ich wäre vorsichtig. Menschen, die durch die moderne Lebenswelt ausgehungert sind, sollten hier in der Gestalt der Veranstaltungen und der ihnen entgegenkommenden Gemeindeglieder zunächst der Menschenfreundlichkeit Gottes begegnen, sollten erfahren können, dass sie gesegnet und verwandelt aus Gottes Gegenwart heraus ihren Weg weitergehen können. Wer das erfährt, der kommt wieder, der fragt weiter. Der Vorhof der Völker ist ein Ort des Segens, durch den Menschen beschenkt werden. Wenn uns doch diese Aufgabe gerade als Aufgabe des Gemeindebaus deutlich werden würde! Es geht hier um wesentlich mehr als um herkömmliche Evangelisation. Es geht um einen Raum der Liebe Gottes mitten in unserer immer tiefer säkular werdenden Welt. Wer da von Gott berührt und gezogen wird, der wird wieder kommen, wird fragen und sich sein Suchen Gottes eingestehen. Dann – und erst dann – könnte Evangelisation in vielfältigen Formen einsetzen. Der Vorhof der Völker wäre der Ort, an dem Gottes erbarmende und suchende Liebe den Menschen in vielfältigen Formen neu erfahrbar wird. Diesen Raum so auszugestalten, dass das wirklich geschieht, dem müsste unsere ganze Phantasie und Liebe gelten.

Dazu eine Erfahrung. Während eines Beerdigungsgottesdienstes wurde eine jüngere Frau von der Botschaft des biblischen Wortes ergriffen. Sie kam darauf an drei folgenden Sonntagen zum Gottesdienst. Dann blieb sie weg. In Sorge, er könnte durch ein unbedachtes Wort diese Frau abgewiesen haben, meldete sich der Pfarrer nach einiger Zeit zu einem Gespräch bei ihr. Nein, sagte die Frau, sie würde weiterhin gerne am Sonntag in den Gottesdienst kommen. Als sie jedoch drei Sonntage hintereinander gekommen sei, da habe sich die Nachbarin bei ihr gemeldet: Ob sie denn so große Probleme habe, dass sie nun während dreier Sonntage in den Gottesdienst gegangen sei.

Die soziale Kontrolle führt nicht nur in einem Dorf dazu, dass der Gottesdienstbesuch am Sonntagmorgen zur fast unüberwindlichen Schwelle wird. Was bedeutet es in einer Ehe, in einer Familie, in der während Jahren, oft während Jahrzehnten Gottesdienste nur an bestimmten Festtagen besucht werden, wenn sich ein Familienglied plötzlich am Sonntagmorgen zur Kirche hin aufmacht? Spott, Nachfrage, ja oft konkreter Widerstand sind ihr bzw. ihm sicher. Die Hemmschwelle ist sehr hoch, meist zu hoch, auch wenn der Hunger da ist. Vorhof der Heiden würde da bedeuten, dass wir „anonyme" Räume entdecken und eröffnen, in denen Menschen sich vorsichtig dem christlichen Glauben annähern können.

Ich skizziere Beispiele, die das Denken anregen sollen:

- Gottesdienste für Einkaufende: Sechs Minuten in der Nähe der Einkaufszentren ...
- Gottesdienst in der „Raucherpause": Sechs Minuten in der Nähe der Bürozentren ...
- Sechs-Minuten-Gottesdienste würde heißen: eine Minute Musik, zwei Minuten Wort, zwei Minuten Stille, eine halbe Minute Gebet, eine halbe Minute Segen. Ein Kunstwerk, ich weiß! Aber ein notwendiges Kunstwerk zur Erquickung von Menschen, die ausgezehrt ihren Weg in unserer säkularen Welt zu gehen haben.
- Gesprächs-Angebote in der Einkaufszeit ...
- Gesprächs-Angebote für Touristen an den Stätten, die aus kunsthistorischem Interesse besucht werden ...
- Weiterbildungs-Kurse an Volkshochschulen und Clubschulen. Zur Weiterbildung melden sich Menschen an, die, aus welchen Gründen auch immer, nicht mehr in unsere Kirchen kommen würden oder gar könnten. Der Apostel Paulus würde heute wohl weniger in unseren Kirchen predigen, eher in den Clubhäusern und Volkshochschulen.
- Bestehende und bewährte Angebote wie Frühstückstreffen für Frauen, Männer-Apéros, Abendveranstaltungen für Geschäftsleute mit Abendessen gibt es seit einiger Zeit.
- Welche weiteren Ideen sind daraus zu entwickeln?

Dazu tritt die Frage, wo denn die Menschen unserer heutigen Welt sind. Wo treffen sich die Menschen der sozialen Unterschicht, der Mittelschicht, der Oberschicht? Wo treffen sich die verschiedenen Altersgruppen? Wo treffen sich die verschiedenen Bildungsschichten? Wohin müssten wir also als Kirche gehen, um diese Menschen zu finden? Welche Formen der Kommunikation, der Begegnung müssen wir lernen, um ihnen die Hemmschwelle unserer Kirchlichkeit abzunehmen? Welche Sprache müssen wir erlernen, um von ihnen verstanden zu werden?

Hinter all diesen Fragen steht die Erkenntnis, dass der Weg in die Kirche – ob wir uns dessen bewusst sind oder nicht – für den Großteil unserer Bevölkerung schwierig oder gar zu schwierig geworden ist. Die Hemmschwelle ist zu hoch, die soziale Kontrolle ist vielfach zu groß, die Umgangsformen und die Sprache zu fremd geworden. „Vorhof der Völker" würde bedeuten: Suche nach Räumen und Begegnungsstätten, in denen Menschen ihren religiösen Hunger leise anmelden und dennoch zunächst anonym bleiben können.

b) Das Verhältnis der drei Bereiche zueinander

Kirche, was ist das? Denkt man im Bild dieser drei Bereiche, dann liegt die Versuchung nahe, sich emotional und theologisch – was nur zu oft nahe beieinander liegt – auf einen dieser Bereiche zu fixieren. Dann bestimmt man Kirche ganz von Gott her, ganz von den Glaubenden her, ganz von den Suchenden her.

Dabei gehören alle drei Bereiche zusammen, sind aufeinander angewiesen. Was soll Kirche sein, wenn sie nicht von der Mitte her, von Gott her lebt? Was soll Kirche sein, wenn sich nicht um diese Mitte Menschen scharen, die aus dieser Gabe und unter diesem Anspruch leben? Was endlich soll Kirche sein, wenn sich aus dieser Mitte heraus nicht die immer neue Liebe und Suche nach den Menschen unserer Welt ergibt und in der Phantasie der Liebe auch konkrete Gestalt annimmt? Man müsste weiter fragen: Was würde alle Phantasie der Liebe nützen, wenn sie nicht getragen ist von der Gemeinschaft von Menschen, die aus dem gehörten und beantworteten Ruf Gottes leben? Ja, was würde sie bedeuten, wenn sie nicht aus der Mitte des Herzens Gottes selbst kommt?

8. Lebensdesign und Lebensdesigner

a) Die Bedeutung des Lebensdesigns

Wir haben bereits auf den Begriff Lebensdesign hingewiesen[52]. Er macht auf zwei Dinge aufmerksam:
Wir haben enorme Möglichkeiten der persönlichen Lebensgestaltung. Wir können unser Leben immer neu entwerfen. Wir können z. T. auch in immer neuen, kleinen Entwürfen ausprobieren, wer wir selbst sind bzw. sein möchten. Das hat es in diesem Ausmaß im Verlauf unserer Geschichte noch nie gegeben.
Lebensdesign meint aber auch den Zwang, das nun eben leisten zu müssen. Es gibt keine festen Rollen mehr, in die man hineinwächst. Es gibt ja nicht einmal mehr den Ausdruck, dass man irgendwann mal ausgelernt hat. Als ich aufgewachsen bin, haben meine Eltern mir gesagt: Wart nur mal, bis du einmal ausgelernt hast ... Solch ein Satz wäre heute unvorstellbar. Was soll das heißen: ausgelernt haben? Man ist doch nie fertig! Was aber bedeutet das für unsere Psyche, dass wir nie fertig sein sollen? Ein Bonmot drückt das markant aus: „Von der Wiege bis zur Bahre: Seminare, Seminare." Die Weiterbildung hört nie auf. Ich werde bald einmal auch einen Kurs besuchen müssen, wie ich auf gute Art und Weise sterbe.

b) Kirche als Boutique für Lebensdesign?

Lebensdesign ist nicht nur postmoderne Möglichkeit und Lebensgewinn. Es ist auch postmodernes Schicksal. Damit erscheint die Kirche dem Menschen von heute als eine Art Designerboutique. Welches Angebot an geistlichen Lebensformen habt ihr, fragt der postmoderne Mensch. Aus allen möglichen

---

52 Vgl. Anm. 15.

Angeboten will er auswählen, einiges davon übernehmen und seinen eigenen Weg zusammenstellen. Wenn man es unter diesem Aspekt sieht, dann mag es einem zu Recht unheimlich werden. Wo das Leben als Aufgabe betrachtet wird, dass jeder sein eigenes Leben gestalten, also „designen" muss, erscheinen plötzlich auch alle geistlichen Angebote unserer Kirchen als postmoderne Versatzstücke in der metaphysischen Abteilung des unendlichen Warenhauses unserer Angebots-Gesellschaft. Bedrängend ist: Sämtliche geistlichen Lebensformen eignen sich tatsächlich zu solchen Versatzstücken für das eigene Lebens-Design. Ich suche mir den geistlichen Begleiter, so wie sich der säkulare Mensch den Psychotherapeuten sucht, und bin damit etwas Besonderes. Ich habe ja einen Spezialisten, der mich kompetent auf einem solchen Weg des Selfdesigns berät. Ich besuche einen Kurs in Meditation oder leiste mir den Luxus einer regelmäßigen Einkehr und unterscheide mich damit charakteristisch von anderen, die dieses Versatzstück in ihrem Leben nicht vorzuweisen haben. Statt in ein Kloster zu gehen, um damit einen endgültigen Lebensentscheid zu treffen, besuche ich Kloster auf Zeit. Man könnte weiterfahren. Ich leiste mir etwas Besonderes, das mich von anderen unterscheidet. Aber so ganz lasse ich mich doch nicht ein. Es könnte ja noch etwas Besseres am Horizont meines Lebens auftauchen. Schizophren: Sehnsucht nach einem fest eingebundenen Leben, bei dem doch immer noch alle anderen Möglichkeiten offen stehen. Wer so lebt, der wird nicht reifer. Er wird nur älter. Reifung ist ein Wachstumsprozess. Irgendwo und irgendwann muss ich meine Wurzeln fest einschlagen, um verwurzelt zu sein. Die Zeit des Suchens ist irgendwann einmal vorbei. Wer postmodern davon träumt, ihm oder ihr müssten im Lauf des Lebens immer noch und immer wieder alle Möglichkeiten offen stehen, wird irgendwann auch in seinem äußeren Gehabe und Getue lächerlich. Er bleibt unreif. Mehr: Er bzw. sie verliert die Möglichkeit der festen Bindung und bleibt wurzellos. Reifung des eigenen Lebens gibt es nur durch Verwurzelung. Verwurzelung aber heißt endgültige Bindung.

c) Formen sind wichtig – aber sie reichen nicht

Damit ist klar, welche Frage jetzt auf dem Spiel steht. Die besten geistlichen Lebensformen allein können auch bloße Versatzstücke sein. Sie sind noch kein Kriterium für das, was geistlich zu geschehen hätte. Es geht gerade nicht um die richtige Auswahl bloßer Formen, so geistlich und bewährt sie auch sein mögen. Ob ich das klar genug ausdrücken kann? Gebet, Fasten, Meditation, geistliche Begleitung, Einkehrzeiten usw. sind ja zunächst bloße Formen geistlichen Lebens. Sie allein zeichnen ein glaubendes Leben noch nicht aus. Glauben heißt etwas, das radikal anders einsetzt und fortan aus diesem Einsatz lebt: Ich wechsle den Designer. Ich wechsle vom unbeholfenen oder auch sehr gekonnten Self-Made-Stil auch des eigenen Glaubens-Designs und vertraue mich dem Profi an.

d) Nicht Design, sondern Designer!

Plötzlich zeigt sich, wie treffend dieses modische Wort vom Design ist. Gott selbst wird mich und mein Leben designen müssen. Er wird es tun, indem er meinem Leben sein Signum, sein eigenes Zeichen einprägt, ohne dass ich ihm noch dreinrede. Man könnte es sagen mit einem Wort, das der Auferstandene Petrus mitgegeben hat: „Als du jung warst, da ‚designtest' du dein Leben selbst. Wenn du aber einmal reifer geworden bist, dann wird ein anderer dein Leben ‚designen' und wird dich hinführen, wohin du nicht willst, nicht ahnst, dass du es, weil es Gott tut, dann eben doch wollen wirst" (nach Joh 21,18). Da wird schlaglichtartig und unwiderleglich der grundlegende Unterschied markiert zwischen einer Kirche, die außer besonderen Versatzstücken in ihrem Angebot letztlich keinen grundlegenden Unterschied zur Postmoderne mehr vorzuweisen hat, und der Kirche Jesu Christi, die sich diesem Design Gottes nicht entzieht. Wer designt unser persönliches Leben? Wer designt die Gestalt unserer Kirche?

e) Eine Design-Anleitung aus dem Neuen Testament

Nun meine ich, dass es im Neuen Testament eine grundlegende Design-Anleitung für christliche Gemeindegestaltung gibt, an der niemand von uns vorbeigehen kann. Ich bin überzeugt, dass dies der entscheidende Text einer kommenden Ekklesiologie und praktischen Theologie zu sein hat und auch sein wird. Es ist der Christushymnus, den Paulus im Philipperbrief zitiert (2,5-11).

Sehen wir uns diesen Abschnitt näher an. Hier liegt ein Lied vor, das von Christus spricht, von seinem Weg, den er aus höchster Höhe in die tiefste Tiefe gegangen ist, um dann von Gott selbst überaus erhöht zu werden. Tatsächlich spricht der Text von drei Dingen:

Eine Haltung

Er spricht von einer Haltung, die dieser Christus annimmt. Es ist die Haltung einer unbedingten, ja, unglaublichen Freiwilligkeit. Christus hält nichts fest. Zweimal heißt es: Von sich aus gibt er alles hin. Hier handelt einer, der sich bis zum letzten Moment nicht von anderen vorschreiben lässt, was jetzt zu tun sei; der auch nicht, wie es in der Kirche heute nur zu oft geschieht, der Gesellschaft hinterherläuft und sagt: Weil die Gesellschaft so ist und der moderne Mensch solche Erwartungen hat, müssen wir uns heute doch anpassen, um verständlich zu sein. Nein, da steht einer vor uns, der von sich selbst aus die Schritte seines Lebens tut. Das ist zunächst eine grundlegende Lebenshaltung.

Ein Verhalten

Aus dieser inneren Haltung der Freiheit kommt es zu einem Verhalten, einem konkreten Handeln. Er lässt los. Er hält nicht fest, was ihm zu eigen ist. Er gibt hin. Er erniedrigt sich selbst. Er wird gehorsam ...

Das Christuslied spricht von einer Gesinnung, die in Einheit mit dem Verhalten steht.

Ein beschrittener Weg

Aus diesem Verhalten ergibt sich ein konkreter Weg, der gegangen werden muss und von Christus auch entschlossen gegangen wird. Die Lebensgeschichte Jesu ist vorbildhafter Weg des Loslassens in Freiheit.

Wie ist der Christushymnus zu lesen?

Man hat den Christushymnus bis heute fast ausschließlich auf zwei Seiten hin gelesen. Einmal als Beschreibung der ‚Kenosis', also des Weges der Selbsthingabe und Erniedrigung Christi von der Höhe in die Tiefe und dann in seine Erhöhung durch Gott. Damit hat man ihn als einen christologischen Text gelesen. Es ist ein Hymnus, der uns von Christus spricht.

Daneben stand wohl von Anfang an die Variante, die Paulus nahezulegen scheint. Man las den Text als Lebensanleitung für den glaubenden Menschen. „Ein jeder sei gesinnt, wie Christus ...". Damit wurde er zu einem Text der Ethik. Das Verhalten des glaubenden Christen sollte sich am Vorbild Christi ausrichten. Damit ist ohne Zweifel etwas von dem getroffen, das Paulus gemeint hat.

Vergessen wurde bis heute jedoch weitgehend, dass Paulus hier zu einer Kirche und gleichzeitig über den Weg von Kirche allgemein spricht. Christologie, Ethik und Ekklesiologie sind bei ihm untrennbar ineinander verschlungen. Die Zielrichtung, die Paulus im Zusammenhang des Textes (von 1,27 an) markiert, ist der Bau der Gemeinde. Damit wir als Kirche gut unterwegs sein können (ekklesiologischer Aspekt), darum haben wir an Christus (christologischer Aspekt) unseren je eigenen Lebensweg (ethischer Aspekt) zu lernen und unser Verhalten prägen zu lassen. Es ist an der Zeit, dass dieser biblische Text aus der Versenkung der Christologie und der Ethik endlich in den der Ekklesiologie und der praktischen Theologie auftaucht, um dort seinen zentralen Platz einzunehmen.

An Christus den Weg der Kirche buchstabieren

Was von Christus gilt, das ist von der Kirche für ihren eigenen

Weg zu lernen. Am Philipperbrief und an der Art und Weise, wie Paulus diesen Abschnitt in seinen Brief einbaut, zeigt sich, dass es Paulus hier nicht um Christologie, sondern um Gemeindepädagogik geht. Wer diesen Text erarbeiten will, der wird eine lange Bibelarbeit anstellen müssen, die mit der Wirklichkeit der Gemeinde (und damit mit 1, 27) beginnt. Hier wird natürlich von Christus gesprochen. Aber so, dass eine Gemeinde am Vorbild Christi ihren eigenen Weg ausrichtet und den Weg Christi entschlossen als ihren eigenen Weg nachgeht. Hier wird von Paulus jedes einzelne Gemeindeglied darauf verpflichtet, die Gesinnung Jesu als eigene Gesinnung zu übernehmen und sich so in die Gemeinde, in die Kirche einzubringen. Was Christus auf seinem Weg – wir erinnern uns: Haltung, Verhalten und Weg – bestimmt hat, das soll jedes einzelne Gemeindeglied bestimmen. Nur so, meint Paulus, kann eine Gemeinde „missionarisch" in einem Umfeld, dem sie das Evangelium schuldig ist, überhaupt existieren.

Paulus spricht hier von der Art und Weise, wie diese Gemeinde untereinander ihre Beziehungsstrukturen aufbaut und klärt. Er mutet der Gemeinde zu, das Signum Christi, das Signum seiner Haltung, seines Verhaltens und seines Weges als Gemeinde zu leben. Nun wird dieser Text spannend. Es wird aufregend, mit Paulus von der Kirche in der Postmoderne in den Worten dieses Hymnus zu reden. Wie würde das klingen?

Wir wollen eine Kirche sein, die um ihre Gestalt bei Gott weiß. Wir wissen, dass wir Gott gehören. Und doch sind wir eine Kirche, die ihre Erwählung, ihr Geliebtsein, ihr Bewahrtsein in Gott, die den unendlichen Reichtum, den Gott ihr zuschreibt und die auch ihre Privilegien, die sie durch die Geschichte erworben hat, nicht festhält. Was wird das für eine Kirche sein, die es sich leisten kann, nicht mehr an ihrem Besitz festzuhalten! Eine Kirche, die von sich aus und nicht durch gesellschaftliche Umbrüche gezwungen den Weg nach unten hin antritt.

Nun geht es weiter. Christus wurde als Mensch erfunden. Er nahm die Gestalt eines Knechtes an, eines Dieners der Menschen. An Christus erkennen wir, dass nur auf diesem Weg das

Menschsein, wie es von Gott her gemeint war, gelebt werden kann. Was bedeutet das für uns als Kirche? Wir wollen eine Kirche sein, an deren Art und Weise, wie hier zwischen Amtsträgern und Gemeindegliedern, zwischen Angestellten und Vorgesetzten umgegangen wird, Menschsein deutlich wird. Der säkulare Mensch, der in seinen Strukturen so viel anderes erlebt, soll an der Kirche erkennen können: Das könnte Menschsein eigentlich heißen.

Der Christushymnus fährt fort: Dieses Menschwerden hängt damit zusammen, dass einer ganz gehorsam wird. Was bedeutet es, wenn eine Kirche gehorsam wird? Gehorsam wurde weitgehend zum Fremdwort in unseren Kirchen. Die Krise der Autorität des vergangenen Jahrhunderts hat im öffentlichen wie im persönlichen Bewusstsein ihre tiefen Spuren hinterlassen. Was wäre eine Kirche, die sich den Luxus leistet, zu hören und entschlossen nur noch diesem Hören gehorchend zu folgen: hinhören, immer tiefer hinhören, immer ärmer werden und immer mehr auch in jenes Fasten eintreten, das sich anderen Stimmen, die ihren Weg bestimmen wollen, verschließt. „Jesus Christus, wie er uns in der Heiligen Schrift bezeugt wird, ist das eine Wort Gottes, das wir zu hören, dem wir im Leben und im Sterben zu vertrauen und zu gehorchen haben. Wir verwerfen die falsche Lehre, als könne und müsse die Kirche als Quelle ihrer Verkündigung außer und neben diesem einen Worte Gottes auch noch andere Ereignisse und Mächte, Gestalten und Wahrheiten als Gottes Offenbarung anerkennen."[53] Gehorsam heißt: Das erste Gebot hat seinen fröhlichen Widerhall in unserem Leben und im Verhalten der Kirche gefunden.

Der Text des Hymnus führt uns noch eine Stufe weiter: Gehorsam bis zum Tode. Ich merke, dass mein Leben eingesetzt wird, dass Gott über mein Leben verfügt bis zum Tod als dem

---

53 Barmer theologische Erklärung von 1934, aus der ersten These. Vgl. Die Barmer Theologische Erklärung. Einführung und Dokumentation. Herausgegeben von Alfred Burgsmüller und Rudolf Weth, Neukirchen, 2. Auflage 1984.

letzten Einsatz. Nichts wird ausgelassen. Und ich sage Ja dazu. Wir sagen fraglos als Kirche Ja dazu und werden so zu einer Kirche, die es sich leistet, radikal gehorsam zu werden ...

Bis zum Tod am Kreuz. Das galt Jesus auf seinem messianischen Weg. Auf diesen Weg aber zieht er seine Kirche nun mit. Der Anstoß Jesu Christi, des Gekreuzigten und Auferstandenen, wird für die Kirche zum einzigen Anstoß, wird aber nun wirklich Anstoß in dieser Welt. Es gibt im Neuen Testament keinen Ruf zur Nachfolge und damit keinen Ruf zur kirchlichen Existenz, der nicht die Bereitschaft zum Martyrium für den Namen Jesu Christi in sich schließt.

Daher hat Gott ... Kein menschliches und kein kirchliches Mittel bleibt übrig, das diesen Weg wendet. Nur Gott kann es tun. Nur die Hoffnung kann sich auf Gott verlassen: auf ihn allein. Das heißt auch: nicht mehr auf eigenes Glauben, eigenes Gehorchen, eigenes Erniedrigen und eigenes Sterben. Nur noch Er. Im Klartext biblischen Zeugnisses, das die Kirche auszuhalten und zu bezeugen hat: Es ist der Name Jesu Christi, in dem allein Gott uns endgültig begegnet. Darüber hinaus gibt es kein christliches Wort von Gott.

Christi Weg ist unser Weg

Erste Andeutungen sind das, nicht mehr. Ausgedacht, nachgebetet und nachgegangen ist dieser Text noch lange nicht. An ihm wird die Kirche der Zukunft den untrüglichen Wegweiser zu ihrer kommenden und zweifelsohne vielfältigen Gestalt finden. Es wird ein Weg in äußere Armut und Niedrigkeit sein, der seine Hoheit durch den Gehorsam gegenüber Christus erhält: im glaubenden Hören und Befolgen seines guten Wortes. Zu achten haben wir jedoch darauf: Dieser Bibelabschnitt meint die Gemeinde als Gemeinschaft. Er zeichnet zunächst einen Weg der Gemeinde, der Kirche. Insofern ist er auch ein Weg für den einzelnen Glaubenden, den jeder von uns zu gehen hat, wenn er sich in der Gemeinde vorfindet. Wenn ich den Weg Jesu gehe, dann gehe ich ihn nicht allein. Ich gehe ihn als Glied einer Gemeinschaft, zu der ich verpflichtend gehöre. Ich gehöre mit Menschen zusammen, mit denen ich gemeinsam auf Gottes Wort höre und ihm gehorche. Hören, gehören und gehorchen formen uns zur Gemeinschaft, die fortan auch mich bestimmt. Das macht Kirche Jesu Christi aus.

9. Herausforderung: Gemeinschaft und Einzelne

a) Gemeinschaft

Unsere Gesellschaft besteht aus lauter Einzelnen, denen es in der heutigen Zeit unglaublich schwer fällt, verpflichtende gemeinschaftliche Beziehungen einzugehen. Darum wird Christsein nicht mit den Einzelnen beginnen können. Wir müssen damit beginnen, dass wir in unserer Kirche Gemeinschaft, Festigkeit und gegenseitiges Verpflichtetsein lernen und einüben.[54] Alles andere findet der postmoderne Mensch in seiner Umgebung längst vor. Kirche aber ist von ihrem Wesen her ‚Koinonia', ist teilende und sich mitteilende Lebensgemeinschaft. Darum ist den Formen kommunitären und „vor-kommunitären" Lebens besonderes Augenmerk zu schenken.

Glauben gibt es nicht ohne Bereitschaft zu verpflichtender Gemeinschaft. Nun, Jesus hätte uns das schon lange zeigen können. Er hat keine zwölf Einzelkämpfer berufen und dann einzeln losgeschickt. Er hat einen kommunitären Kern der kommenden Kirche berufen. Heterogener ging es wohl gar nicht. Einen Widerstandskämpfer (Simon der Eiferer) und dazu einen Kollaborateur (Matthäus/Levi, der Zöllner). Man könnte weiter aufzählen. Zusammengehalten waren sie als Gemeinschaft durch den machtvollen Ruf des Evangeliums.

Den alten und ach immer neuen Individualismus überwindet man nicht durch Gedanken, auch nicht durch Appelle. Man überwindet ihn nur durch den Einsatz seines eigenen Lebens. Entweder bist du ganz sein – oder du lässt es ganz sein. Die Ernsthaftigkeit zeigt sich darin, dass ich Menschen suche, mit denen ich konkrete Verpflichtungen meines geistlichen und menschlichen Lebens eingehe. Vorformen kommunitären Lebens sind gemeint.

---

54 vgl. den Abschnitt „Kirche als Lebensgemeinschaft" oben in Kapitel 3 f

Wenige von uns haben die Möglichkeit oder gar den Ruf, in eine bestehende Kommunität einzutreten. Wir sind gebunden an Menschen, an unseren Beruf, an unseren Ort. Was uns weitgehend fehlt, das sind Vorformen kommunitären Lebens. Es gibt sie da und dort im Umfeld von Kommunitäten und Orden als Geschwisterschaften, Tertiaren- oder Familiengemeinschaften. Man bleibt in seinem Familienstand, an seinem Wohnort, in seinem Beruf. Aber man geht konkrete geistliche und menschliche Verpflichtungen gegenüber einer Gemeinschaft ein. Als Beispiel die Verpflichtungen der Geschwisterschaft Koinonia[55]: tägliches betrachtendes Gebet und tägliche fortlaufende Lesung des Evangeliums, um das Bild Jesu in uns immer deutlicher werden zu lassen; jährlich mindestens eine Einkehr; Verpflichtung zu einem einfachen Lebensstil (wie immer der aussieht); Verpflichtung zu Gemeinschaft und Gastfreundschaft; Verpflichtung zu geistlicher Begleitung, in der regelmäßig das eigene Leben vor einem anderen Menschen offen gelegt und befragbar wird. Ein solcher Weg verpflichtender Gemeinschaft, den man durchaus auch anders formulieren und gestalten kann, setzt Kräfte des Evangeliums frei. Ich bin überzeugt, dass Christsein heute anders nicht mehr wirklich lebbar ist. Die christlichen Gemeinden müssen zu Vorformen kommunitärer Gemeinschaften werden. Billiger wird es nicht gehen.

b) Einzelne

Verpflichtende Gemeinschaft ist in postmoderner Umgebung ein Fremdwort. Christliche Gemeinde wird jedoch gerade durch den vorweisbaren Lebensgewinn anziehend, den eine solche verpflichtende Gemeinschaft auch dem einzelnen Menschen bringt. Hier wird individuelles Leben durch Gemeinschaft gefördert und gewonnen, kann sich Individualität auch

55 vgl. www.koinonia-online.de

wirklich entfalten. Nur gelebtes und anschaubares Leben sind unwiderlegbare Argumente.

Wo Individualität innerhalb verpflichtender Gemeinschaft heranreift, wird Gott auch wieder Einzelne bewusst als Einzelne rufen und sie zum Gegenüber, zur Herausforderung der Gemeinschaft der Kirche machen.

Es gab und gibt in der Geschichte immer die Einzelnen, die stellvertretend für andere Wege gehen, die vorbildhaft anschaubar machen, wie die Wege Gottes mit uns Menschen unter Gottes Führung aussehen. Markante Beispiele wären hier aufzuzählen.

Ich zitiere das Wort eines Theologen, der im Jahre 1972 auf die Frage nach geistlichen Berufungen in der Kirche eine äußerst provozierende Antwort gab, die uns heute noch hellhörig machen kann:

„Es gibt viele triftige Gründe, die ich jungen Menschen gerne vortragen würde. Hier soll nur ein einziger herausgehoben sein. Ich kann mir nicht vorstellen, dass die Besten unter den Jungen nicht allmählich ein Grauen befällt, wenn sie sehen, dass Jugend heute nur noch als Gewimmel auftreten mag oder kann: Woodstock – aber auch Taizé (und alles zwischen diesen Polen). Soll eigentlich Nietzsche mit seinem „letzten Menschen" recht behalten? „Wir haben das Glück erfunden – sagen die letzten Menschen und blinzeln. Sie haben die Gegenden verlassen, wo es hart war zu leben: denn man braucht Wärme. Man liebt noch den Nachbarn und reibt sich an ihm: denn man braucht Wärme. Ein wenig Gift ab und zu: das macht angenehme Träume. Kein Hirt und eine Herde! Jeder will das Gleiche, jeder ist gleich: wer anders fühlt, geht freiwillig ins Irrenhaus." (Zarathustra, Vorrede).

Hat keiner mehr den Mut, ein Einsamer zu sein? Immer aus der durchgestandenen Einsamkeit sind die Helfer, die Wegweiser, die Führer, die Gestalter hervorgetreten. Christus war ein unendlich Einsamer; aus dem Vorrat seiner einsamen Liebe zum einzigen Gott hat er die Kraft erhalten, Fülle liebender Gemeinschaft über die Welt hin auszugießen. Der Hirt ist der

Herde gegenüber immer einsam. Durch die zwei Jahrtausende Kirche sind alle großen Former christlicher Liebe unter den Menschen aus der Einsamkeit gekommen, wo persönlich gebetet, gekämpft und Sendung erspürt wird.

Und merken Sie sich bitte: Solches Gebet und solche Sendung sind unverzweckbar. Es geht nicht um Kaderschulung. Es fängt nicht damit an, dass man sagt: Ich will einen Job in der Kirche übernehmen (einen ‚kirchlichen Beruf', wie es in der Frage heißt, missverständlich), einen womöglich vorweg umrissenen, abgesprochenen, auf Zusehen hin, auf Zeit. O der Spießbürgerei! Was so ansetzt, fällt von vornherein flach. Der Anfang kann nur sein: Ich stelle mich Gott und seinem Werk zur Verfügung. Ohne Bedingung und ganz. Ich erhebe keine Forderungen. Verfüge Du über mich. Setze auf mich. Setze mich ein, wo und wie Du willst. Lehre mich, was Deine Liebe in Christus zu den Menschen ist; fülle mich mit ihr, damit ich andern in Deinem Auftrag zeigen kann, wie Du bist, durch mein Leben.

Wenn wir für diese Melodie keine Ohren mehr finden, können wir mit unserem Christentum einpacken. Die Kommunisten machen es besser. Es gibt unter ihnen solche, die den Mut haben, einsam alles auf eine Karte zu setzen.

Nur eine ursprüngliche Leidenschaft kann uns noch retten. Aber Heilige fabriziert man in keiner Retorte, es sei denn in Leid und Gebet."[56]

Geschlossen sei mit einem Gebet. Man mag den Eindruck haben, es sei ein hartes, ja ein ausschließendes Gebet. Dem sei jedoch entgegnet: Es ist ein zutiefst normales Gebet, ohne das man eigentlich nicht Christ sein kann. Wo sonst als in Gottes Herzen ist all das, was ich habe und bin, geborgen und bewahrt, über mich hinaus und manchmal wohl auch vor mir selbst? Wo sonst kann ich wissen, dass nichts vergeudet und nichts missbraucht wird von all dem, was mich, was uns als

---

56 Der Text wurde von der Informationsstelle kirchliche Berufe, Zürich, in verschiedenen Fassungen publiziert (heute: Information Kirchliche Berufe, Luzern).

Kirche ausmacht? Es ist das Gebet, in dem sich der Kirche Jesu Christi Gegenwart und Zukunft öffnet bis in Ewigkeit.

„Nimm dir, Herr, und übernimm
    meine ganze Freiheit.
Nimm mein Gedächtnis,
    meinen Verstand,
    meinen ganzen Willen,
    alles, was ich habe und besitze.
Du hast es mir gegeben.
Zu dir wende ich es wieder zurück.
Alles ist dein.
Verfüge darüber nach deinem ganzen Willen.
Gib mir deine Liebe und Gnade.
Das ist mir genug.
Amen."[57]

57 Ignatius von Loyola

ANHANG:

Was verdankt das Abendland dem Christentum?

In einer Zeit, in der man gerne auf die Schäden verweist, die der abendländischen Kultur durch die Fehler des Christentums, ja durch das Christentum selbst zugefügt wurden, lohnt es sich, auch umgekehrt zu fragen: Was hat eigentlich unser Abendland dem Christentum zu verdanken? Vieles, das heute allgemein als menschlich erscheint und als Errungenschaft des Abendlandes verstanden wird, hätte es ohne den Einfluss des Christentums nie gegeben. Die folgende Aufzählung kann und will bloß einen ersten Eindruck vermitteln, auf keinen Fall jedoch auch nur annähernd vollständig sein.

1) Diakonie und Spitalwesen

Das Grundgebot der Liebe zum Nächsten wurde zum Anstoß für die Einrichtung von diakonischen Anstalten der Armen- und der Krankenpflege bereits in der frühen Zeit der Kirche. Spitäler, Kranken- und Pflegeheime und eine umfassende Fürsorge standen nicht nur den „Einheimischen", sondern auch den Fremden sowie den Mitgliedern aller sozialen Schichten offen. Die Überzeugung, dass Nächstenliebe eine allgemeine Menschenpflicht ist und keinen Unterschied zwischen den Menschen ziehen darf, ist kulturgeschichtlich unlösbar mit dem Christentum verbunden.

2) Unbedingtes Lebensrecht

Die Ehrfurcht vor dem Leben führte, übrigens zum großen Erstaunen der antiken Welt, zur bedingungslosen Bejahung des behinderten Lebens und zur selbstverständlichen Ächtung der Abtreibung bzw. der Euthanasie und des Selbstmordes. Wer die Antike auch nur ein bisschen kennt, weiß, wie tief der Bruch geht, der durch die Ablösung des antiken Menschenbildes durch das christliche Menschenbild entstanden ist.

3) Arbeitsfreier Sonntag

Die Feier des Sonntages gab dem Leben eine bis dahin nur innerhalb des Judentums bekannte Struktur und Rhythmisierung. Die Arbeit wurde als Geschenk aufgefasst, durch die geheiligte Zeit des Sonntages aber der Vergötzung entnommen. Das menschliche Leben erhielt damit ein Zeichen und die regelmäßige Erinnerung daran, dass es nicht in dieser Welt, sondern in Gott verwurzelt und auf Gott hin unterwegs ist. Daran aber hängt die Würde menschlichen Lebens überhaupt. Die vielfältigen Auswirkungen der Sonntagsheiligung auf die abendländische Kultur sind uns weitgehend unbewusst.

4) Rechtsgleichheit

Im Bereich des Rechtes wären grundlegende Rechtsprinzipien ohne den Einfluss des christlichen Menschenbildes unmöglich gewesen. Aus dem biblischen Grundgedanken, dass die Menschen vor Gott gleich sind, stammt der Rechtsgrundsatz, dass auch die Menschen vor dem Gesetz gleich sind. Der Gedanke, dass es allgemeine Menschenrechte gibt, Rechte also, die mit dem Menschsein selbst gesetzt sind, lässt sich nur innerhalb des biblisch-jüdischen Einflussbereiches finden, auch wenn er sekundär als allgemein menschlicher Satz erweisbar bleibt.

5) Gleichwertigkeit von Mann und Frau

Auch der Gedanke der Gleichwertigkeit von Mann und Frau ist tief und allein in der biblisch-christlichen Kultur begründet. Wie weit die Antike von diesem Bild entfernt ist, zeigen gerade die großen griechischen Denker, die in der Frau den „Stoff" sehen, dem der Mann dann als „Geist" gegenübersteht. Als „Stoff" aber gehört die Frau nach Aristoteles zu den Gebrauchsgegenständen, ja, sie ist, ebenfalls bei Aristoteles, das Hässliche/Schändliche im Gegenüber zum Guten/Schönen, das in dieser Welt durch den Mann repräsentiert wird. Der Gedanke und ethische Befehl, dass ein Mann seine Frau „lieben" soll, stellt kulturgeschichtlich gesehen geradezu einen unausdenkbaren Bruch mit dem gesamten antiken Menschenbild dar. Er findet sich erstmals schriftlich ausgerechnet in jenem Abschnitt des Epheserbriefes (5,22ff), der heute als bedauerlicher Rückfall in ein überwundenes patriarchales Denken missverstanden wird.

6) Bildung und Kunst

Europäische Bildung und Kunst verdanken wichtige einzelne Anstöße und Inhalte sowie vor allem das grundlegende Maß ihrer Ausgestaltung dem Einfluss des von der Bibel geprägten Christentums.

7) Grenzüberschreitende Ordnungs- und Bildungssysteme

Nicht zu übersehen ist schließlich, dass die ersten großen europäischen Ordnungssysteme, die einzelne Stämme und Nationen übergreifen und die Formung Europas zu einer Einheit erst ermöglicht haben, christlichen bzw. kirchlichen Ursprunges sind. Hier erst wurde der Gedanke an ein Rechtssystem möglich und sinnvoll, das unabhängig von staatlichen Grenzen den Einzelnen erfasst und bestimmt. Mit den Konzilien schuf die Kirche Begegnungs- und Verhandlungsformen von europäischem und letztlich weltgeschichtlichem Zuschnitt. Die religiösen Orden waren von Anfang an länderübergreifende Gründungen, die in ihrem Entwurf und in ihrer Ausbreitung zu bedeutenden Kulturträgern des Abendlandes wurden. Die Einrichtung von Universitäten zeugt von der Idee, eine universale wissenschaftliche Weltdurchdringung vorzunehmen, die sich im Raum des Christentums und auf der Grundlage christlicher Weltauffassung bewegt und von ihr gefördert wird. Christlich-kirchliche Bindung hindert die wissenschaftliche Weltdurchdringung nicht, sondern setzt die Kräfte dazu erst frei. Dass diese verschiedenen und durchaus verschiedenartigen Ordnungssysteme trotzdem der Einheit Europas dienten, liegt historisch gesehen nicht zuletzt daran, dass sie in Rom als dem sichtbaren Zentrum der Weltkirche nicht nur und nicht ausschließlich ihren politischen, sondern vor allem auch ihren geistigen und kirchlichen Bezugspunkt besaßen.

8) Kulturoffenheit des Christentums

Natürlich soll hier nicht der Eindruck entstehen, als ob alles Bleibende und Wertvolle der abendländischen Kultur allein biblisch-christlichen Ursprunges sei. Das würde weder den wahren Verhältnissen noch der Kultursicht des frühen Christentums entsprechen. Gerade die alte Kirche erkannte und empfing Gottes reiche Gaben in großer Offenheit auch durch die Vermittlung heidnischer Kulturen, aber doch nicht ohne klares Kriterium: Sie mussten sich am Maßstab christlicher Offenbarung als etwas dem Christentum Eigenes erweisen oder durch eine Verwandlung hindurch dem Eigenen, dem Christlichen eingliedern lassen. Gerade die alte Kirche war keineswegs kulturfeindlich.

9) Abbau eben dieser Werte ...

Andererseits ist es doch auffallend, wie die eben aufgezählten abendländischen Kulturgüter, die ihren Grund und ihre Kraft aus dem von der Bibel geprägten Christentum empfangen haben, heute ausnahmslos als Hemmungen der kulturellen bzw. wirtschaftlichen Entwicklung und als Störungen menschlicher Freiheit angesehen und zusehends abgebaut werden: Der Gedanke der Nächstenliebe wird zum Programm staatlicher Sozialhilfe degradiert und damit entmenschlicht (und erweist sich damit heute als bald unbezahlbar); die Ehrfurcht vor dem Leben wird an seinen Grenzpunkten (Abtreibung, Behindertenfrage, Euthanasie, aktive Sterbehilfe) von weiten Teilen der Bevölkerung längst nicht mehr als absolut anerkannt; der arbeitsfreie Sonntag, noch um die Wende vom 19. zum 20. Jahrhundert in den Arbeiterkreisen als kostbare und unaufgebbare Wohltat für das Menschsein gefeiert, wird aufgelöst und den so genannten Erfordernissen der modernen Wirtschaft angepasst. Man könnte weiterfahren.

10) Wie weiter?

Es war das Evangelium, das nicht nur unsere Kirchen, sondern auch unser Abendland geprägt, ja, die verschiedenen europäischen Kulturen erst zum Abendland verschmolzen hat. Diese Kraft der Verwandlung hat es bis heute. Darauf bauen wir.